LOS ADVENTISTAS *del* SÉPTIMO DÍA

¿Secta o Denominación?

JA PÉREZ

LOS ADVENTISTAS DEL SÉPTIMO DÍA

¿Secta o Denominación?

Nota de derechos

Nota sobre riesgos

Marcas registradas

Uso de traducciones bíblicas

Tisbita Publishing House

Puede encontrarnos en la red en: www.tisbita.com
Reportar errores de imprenta a errata@tisbita.com
Contactar al autor en: https://www.japerez.com

ISBN: 978-1947193635

Printed in the U.S.A.

LOS *ADVENTISTAS DEL SÉPTIMO DÍA*

¿SECTA O DENOMINACIÓN?

"Es más fácil engañar a la gente, que convencerlos de que han sido engañados" —Mark Twain

—Por eso necesitamos la Apologética.

DEDICATORIA

Dedico este recurso a los muchos pastores que aman la verdad y luchan para que los miembros de sus congregaciones no sean engañados por la mala enseñanza que leen en los medios, redes sociales o frecuente literatura que reciben en las puertas de sus casas de parte de proselitistas sectarios.

Mayo 7, 2024

CONTENIDO

INTRODUCCIÓN

Las iglesias adventistas surgieron en el siglo XIX como una desviación doctrinal de miembros de diversas iglesias cristianas. Aunque es un grupo lleno de herejías y enseñanzas erróneas, todavía comparte un número de doctrinas con las iglesias evangélicas, lo que hace que su decepción sea tan sutil.

En este sencillo volumen, vamos a exponer los principales errores, prácticas, estrategias y tácticas de este grupo para añadir seguidores, cómo el verdadero cristiano debe estar informado y establecido en sólida doctrina bíblica para discernir estas malas enseñanzas, y cómo pasar de un estado defensivo a una posición de certeza y seguridad de manera que pueda ministrar y ser instrumento santo para rescatar con amor y compasión a los muchos que son víctimas de los engaños de este grupo.

APOLOGÉTICA Y COMPASIÓN

Es mi intención entregar este tratado en forma apologética[1] pero en lenguaje sencillo.

Mi ataque será doctrinal, nunca personal. Aún cuando mencione a algunos de los proponentes de este grupo, lo haré de forma analítica, técnica y académica. Nunca con espíritu crítico hacia la persona. El desafío es a la mala doctrina.

Teniendo en cuenta que muchos de los pastores y miembros de iglesias adventistas son personas honestas y que sinceramente aman al Señor, padres de familia, excelentes miembros de la sociedad, gente que está tratando de agradar a Dios y hacer bien a sus semejantes. Personas con buena intención, que han sido atrapadas, engañadas y manipuladas por esta mala religión y son víctimas en necesidad de nuestra ayuda.

Con los fundadores y aquellos altos en jerarquías, especialmente aquellos con poder que sabiendo hacer el bien no lo han hecho y han sido instrumentos de Satanás para engañar, —bueno— con estos el trato se requiere que sea diferente.

Oro que aunque en mis palabras haya cierta dureza contra los tales; sea yo justo, coherente y transparente en mis intenciones y Dios me libre de citar o atribuir alguna palabra o frase injustamente.

¡Comenzamos!

PARTE I

HISTORIA

1

HISTORIA

PRIMERA ETAPA: WILLIAM MILLER

William Miller (1782-1849), es considerado como el fundador de las iglesias adventistas, aunque la historia no es tan sencilla.

El es más bien el medio a través del cual se inició el grupo que más tarde se convertiría en los *Adventistas del Séptimo Día*.

Al principio, a sus seguidores se les comenzó a llamar Mileritas.

William Miller[2] fue un pastor bautista (no ordenado). Nunca asistió a un seminario. Era un granjero en New England (Nueva Inglaterra) en la parte Este de los Estados Unidos.

Estaba fascinado con la profecía bíblica y escribió un

panfleto titulado: Evidencias de La Escritura.

Haciendo cálculos en el libro de Daniel creyó calcular la fecha del retorno de Cristo a la tierra, fijándola en el año 1843.

El pastor Miller pasó por alto que Jesucristo mismo enseñó que nadie puede saber el día ni la hora de su venida (Marcos 13:32).

En 1831 dio comienzo a una campaña anunciando que la venida de Cristo ocurriría en 1843.

Tras la profecía fallida, anuncia que se equivocó por un año, fijando la nueva fecha para el 22 de Octubre de 1844.

Este patrón ya lo hemos visto en varios falsos maestros durante la historia.

Recientemente, vimos el caso de Harold Camping[3], quien puso fecha, y al no ocurrir, dijo haberse equivocado en los cálculos y puso una nueva fecha —también errónea.

En el caso de Miller, muchos se prepararon y reunieron para esperar a Cristo, pero sucedió lo que se conoce como "la gran decepción"[4], pide perdón por su falso cálculo, y el movimiento declina.

La palabra «advenimiento»[5] significa aparición o llegada. De ahí proviene el nombre que llevan las iglesias adventistas, en referencia al énfasis de este grupo en la venida de Cristo (aún después del engaño de 1844).

SEGUNDA ETAPA: HIRAM EDSON

La segunda etapa en la formación de esta secta fue dada a través de Hiram Edson, un seguidor de Miller.

Este enseñó que la profecía fue certera, pero que la venida de Cristo fue espiritual en el cielo. Espiritualizar un evento tiende a ser un proceder que también otras sectas han utilizado[6].

Según Hiram Edson, Jesús terminó de efectuar la purificación por nuestros pecados, ahora entrando al lugar santísimo en el cielo para culminar lo que inició en la cruz[7]. Un error para cubrir otro error.

Hiram Edson fue el autor del concepto del «santuario celestial»[8] y del «juicio investigador». Según esta falsa doctrina, cada creyente después de su muerte será interrogado y enjuiciado para ver si ha hecho las obras necesarias o si ha sido obediente a los mandamientos de Dios, para tener acceso al cielo.

TERCERA ETAPA: JOSEPH BATES

La tercera etapa en la formación de los *Adventistas del Séptimo Día* vino por parte de uno de sus ministros: Joseph Bates [9]. Este, tras leer un panfleto escrito por T. M. Preble[10], enseñó al grupo la necesidad de guardar el Sábado y aspectos de la ley del Antiguo Testamento.

Joseph Bates, se abstuvo de alcohol, tabaco, cafeína, y se hizo vegetariano. Este le dió a los adventistas el distintivo séptimo día y el distintivo régimen dietético a la secta.

CUARTA ETAPA: ELLEN WHITE

La cuarta y última etapa en el proceso de formación de los adventistas fue llevada a cabo por Ellen White (Elena G. de White). [11]

Es Elena G. de White quien da al movimiento su forma final. Esta poseía gran talento para escribir y fue a través de sus escritos que los *Adventistas del Séptimo Día* recibieron estructura e influencia.

Estos escritos eran y aun son considerados por muchos, como inspirados por Dios al nivel de las mismas Escrituras.

Aún dentro del mucho error, Ellen White hizo algunas cosas positivas en cuestión doctrinal. Ella salvó al movimiento de desviarse a la herejía de negar la doctrina bíblica de la trinidad.

Recuerde que una de las razones por las que una secta es peligrosa es porque algunas de sus enseñanzas sí son verdaderas. No todo es falso. Esto hace que los oyentes al escuchar un número de doctrinas que son familiares no alcanzan a discernir los errores que sutilmente se entrelazan con cosas buenas. En la mezcla está el peligro.

UNA DENOMINACIÓN

Para el año 1845 los *Adventistas del Séptimo Día* ya eran una denominación distinguida en la nación americana, y se registraron oficialmente como denominación en 1863.[12]

Fue ya en ese entonces que Charles Taza Russel[13] se congregó, y fue influenciado para iniciar su propia secta, más tarde conocida como *Los Testigos de Jehová.*

Es por eso que vemos que los Testigos de Jehová y los *Adventistas del Séptimo Día* comparten las dos falsas doctrinas del aniquilacionismo y la negación del infierno.

Los *Adventistas del Séptimo Día* le heredaron a los Testigos de Jehová estas doctrinas. También vemos en los Testigos de Jehová una similar fascinación por la profecía.

LLAMADO A LOS ADVENTISTAS

Hemos sido llamados a defender la buena doctrina.

Por eso, es necesario que como hijos de Dios, estudiemos bien el origen de este grupo de manera que podamos advertir a nuestros amigos y parientes adventistas del error. Pero debemos hacerlo con humildad y en amor. No entablando debates carnales donde la única razón es probar que estamos bien. Estas son motivaciones carnales.

Sin embargo, no podemos dejar de anunciar las verdades bíblicas.

Judas nos dice:

> *Amados, por la gran solicitud que tenía de escribiros acerca de nuestra común salvación, me ha sido necesario escribiros exhortándoos que*

contendáis ardientemente por la fe que ha sido una vez dada a los santos. Judas 1:3 RVR1960

Hay muchos adventistas que aman a Dios de todo corazón. Muchos deseosos de estar en la verdad.

Necesitan que alguien, con sólida doctrina y buen razonamiento los guíe hacia la verdadera salvación por gracia. Que puedan conocer que el sacrificio de Cristo en la cruz fue suficiente para pagar por la demanda del pecado. Que pueden estar seguros de su salvación y entrar en el verdadero reposo. De esto hablaré más en los siguientes capítulos.

2

DOCTRINAS MALAS Y BUENAS DE LOS ADVENTISTAS

No todo lo que enseñan los adventistas es malo.

Aquí expondré las principales falsas doctrinas de este grupo. Luego expondré sus buenas enseñanzas, y por qué esto es un peligro.

LAS CUATRO DOCTRINAS MÁS ERRADAS DE LAS IGLESIAS ADVENTISTAS

1- La necesidad de guardar el Sábado y las leyes alimenticias.

En cuanto al Sábado, hay un doble error. Primero el regreso a los estatutos del Antiguo Pacto, (el cual ya caducó) y segundo el error escatológico de decir que la marca de la bestia es adorar el Domingo. Aunque adorar cualquier día es antibíblico (aún el Domingo), la interpretación en cuanto a la «marca de la bestia» está totalmente aislada del contexto que de por sí ya viene en literatura apocalíptica. De esto hablaré más adelante.

2- La doctrina de «El juicio investigador».

3- La doctrina de «El sueño del alma».

4- La «Negación del infierno» o «Aniquilacionismo».

De estos errores hablaré en detalles y con apoyo bíblico en los capítulos que siguen.

Es necesario señalar que estos no son los únicos errores que predican las iglesias adventistas. Sin embargo, estos son sobresalientes.

Los *Adventistas del Séptimo Día* sostienen convicciones bíblicas correctas en varias áreas y tienen cosas buenas

Antes de entrar en detalles en cuanto a los errores, debemos señalar que las iglesias adventistas enseñan varias doctrinas cristianas correctamente. Aquí las voy a enumerar.

- Creen que Jesucristo es Dios
- Creen en la Trinidad
- Creen que la Biblia es la Palabra inspirada de Dios

EN CUANTO A LA SALVACIÓN

Los adventistas dicen que la salvación se encuentra en Cristo. Esto en la superficie suena correctamente y algunos cristianos evangélicos debido a esto los aceptan como otra denominación cristiana. Sin embargo, aunque ellos dicen que la salvación está en Cristo y que es por gracia, no creen que es por gracia solamente. A esto añaden guardar los mandamientos como requisito para ser aprobados en «el juicio investigador». Entonces ya no es por gracia. Es una mezcla de gracia y obras de la ley. Profundizaré en esto más adelante.

OTRAS COSAS BUENAS QUE TIENEN LOS ADVENTISTAS

- Hacen énfasis en buenos valores familiares
- Tienen un excelente régimen de alimentación y disciplina en comer sanamente. Tratan a sus cuerpos adecuadamente como el templo del Espíritu Santo. Esto es digno de elogio.

Entonces, si tienen todas estas cosas buenas… ¿Cuál es el problema con la doctrina de las iglesias *Adventistas del Séptimo Día*?

Ellos tienen tantas cosas buenas que la comunidad cristiana hasta el día de hoy, debate en considerarlos una secta o no.

Se pudiera decir que es la menos secta de las sectas. Pero sigue siendo secta y con graves problemas doctrinales de los cuales hablaré a continuación.

PARTE II

ANÁLISIS DE LAS FALSAS DOCTRINAS PROCLAMADAS POR LOS ADVENTISTAS DEL SÉPTIMO DÍA

3

FALSA PROFECÍA

Los *Adventistas del Séptimo Día* nacieron de una falsa profecía. Desde el comienzo las cosas comenzaron mal.

Si el fundamento es malo ¿cómo será el resto del edificio?

Y algunos intentarán argumentar diciendo: No importa si comenzó mal, lo importante es que han corregido sus errores y se han reformado.

¿No sería esta la historia de la iglesia cristiana en general, la cual se desvió y por medio de una reforma reencontró el camino?

No.

Para empezar, la iglesia cristiana histórica comenzó muy bien y con un fundamento sólido establecido por los mismos apóstoles del Señor (Efesios 2:20).

Es cierto que algunas ramas de la iglesia se desviaron, y hubo necesidad de una reforma. Sin embargo, muchos grupos permanecieron fieles y no siguieron el desvío de Roma.

No se puede hacer comparación. Sí, la iglesia en general ha enfrentado grandes problemas y retos teológicos desde el principio, pero siempre se han corregido.

Cuando hablamos de sectas todo es muy diferente. Los errores van empeorando. No hay corrección. Algunos errores evolucionan o dan a luz a nuevos errores. Y esto es porque no existe una adherencia a las enseñanzas fundamentales de la fe cristiana histórica.

En el caso de los *Adventistas del Séptimo Día*, como dije antes, las cosas empezaron mal desde el principio.

EL PRIMER ERROR: UNA FALSA PROFECÍA

El predicador bautista William Miller, fue quien profetizó que Jesús iba a volver a la tierra en el año 1843.

Al no suceder, hizo lo que usualmente hacen los que ponen fechas. ¡Fue un error de cálculo! Y ponen otra fecha. Es decir, tratan de reparar un error con otro error.

Este fue el caso de William Miller, quien entonces propuso una segunda fecha. Esta vez dijo que el Señor regresaría para 1844.

La doble decepción produjo mucha desilusión por parte de los seguidores. Mucha gente herida. Mucha gente confundida.

Tras los dos cálculos fallidos, algunos comenzaron a decir

que no fue un error, que sí se había equivocado al predecir la venida de Cristo a la tierra, pero que en realidad, lo que sucedió fue que Jesús entró en el lugar santísimo en el santuario celestial en esa fecha.

Como dije antes, espiritualizar un evento es algo que suelen hacer las sectas cuando son cuestionadas públicamente por su error.

4

REDENCIÓN INCOMPLETA

Los *Adventistas del Séptimo Día* afirman que en 1844 Jesús entró en el lugar santísimo, dentro del santuario celestial para completar su redención por los pecados de la humanidad.[14]

Al decir esto están negando la eficacia del completo sacrificio de Cristo.

Están diciendo que la muerte de Cristo en la cruz no fue suficiente por la paga del pecado. Que se necesitaba algo extra.

Por supuesto, aún un estudiante principiante de teología sabe que esto es un error.

La Biblia enseña claramente que Jesús completó Su redención en la cruz. No tuvo que esperar hasta 1844.

En la cruz Él dijo: «Consumado es». La deuda del pecado

había sido pagada por completo.

En otras palabras, Jesús estaba diciendo: «He completado la misión para la que fui enviado».

La Palabra de Dios nos enseña claramente en el libro de Hebreos que Jesús entró en el lugar santísimo en el momento de Su muerte en la cruz, y esto sucedió hace dos mil años. No en el 1844.

Veamos los textos.

El evento.

> *Cuando Jesús hubo tomado el vinagre, dijo: Consumado es. Y habiendo inclinado la cabeza, entregó el espíritu. Juan 19:30 RVR1960*

¿Cuándo entró Jesús en el lugar Santísimo?

En el momento de Su sacrificio. En Su muerte.

> *...y no por sangre de machos cabríos ni de becerros, sino por su propia sangre, entró una vez para siempre en el Lugar Santísimo, habiendo obtenido eterna redención. Hebreos 9:12*

También vemos en el texto que ese fue el momento cuando obtuvo eterna redención.

Este sacrificio, esta entrada al lugar Santísimo, esta eterna redención fue lograda de una vez y por todas en un solo evento en la historia.

...que no tiene necesidad cada día, como aquellos sumos sacerdotes, de ofrecer primero sacrificios por sus propios pecados, y luego por los del pueblo; porque esto lo hizo una vez para siempre, ofreciéndose a sí mismo. Hebreos 7:27 RVR1960

EL SACRIFICIO DE CRISTO EN LA CRUZ FUE SUFICIENTE

Hebreos 10:10—14 RVR1960

10 En esa voluntad somos santificados mediante la ofrenda del cuerpo de Jesucristo hecha una vez para siempre.

11 Y ciertamente todo sacerdote está día tras día ministrando y ofreciendo muchas veces los mismos sacrificios, que nunca pueden quitar los pecados;

12 pero Cristo, habiendo ofrecido una vez para siempre un solo sacrificio por los pecados, se ha sentado a la diestra de Dios,

13 de ahí en adelante esperando hasta que sus enemigos sean puestos por estrado de sus pies;

14 porque con una sola ofrenda hizo perfectos para siempre a los santificados.

5

¿PALABRAS INSPIRADAS? ELENA G. DE WHITE Y SUS ESCRITOS

Enumerar la cantidad de errores que aparecen en los escritos de Elena G. de White es ciertamente una tarea difícil, y no por ausencia de claridad o falta de discernimiento, sino por el número de errores.

Lo más triste es que desde entonces y hasta el día de hoy, los *Adventistas del Séptimo Día* continúan usando estos escritos como guía, y son tenidos como escritos inspirados por Dios.[15]

Aún los que no han elevado estos escritos al nivel de *Palabra de Dios Inspirada*, por lo menos tomando sus enseñanzas como interpretaciones certeras de la Biblia, lo cual perpetúa el error.

Si el texto antiguo está vigente, y ellos aseguran que lo está, entonces se debería tomar en serio lo que Deuteronomio indica sobre el trato de aquellos que profetizan falsamente.

> *Y si dijeres en tu corazón: ¿Cómo conoceremos la palabra que Jehová no ha hablado?; si el profeta hablare en nombre de Jehová, y no se cumpliere lo que dijo, ni aconteciere, es palabra que Jehová no ha hablado; con presunción la habló el tal profeta; no tengas temor de él. Deuteronomio 18:21-22 RVR1960*

De hecho, esta regla debería aplicar a todos los exponentes del movimiento comenzando por William Miller.

La preocupación aquí es que son los escritos de Elena G. de White los que le han dado forma a la dirección y doctrina que tiene la secta.

6

SALVACIÓN POR OBRAS

Cuando usted escucha a un pastor adventista, él le dirá que somos salvos por medio de Cristo. De hecho, hoy en día el grupo se esfuerza en darse a conocer como «cristiano».[16]

Esta misma estrategia la hemos visto aumentar en otras sectas como los Testigos de Jehová[17] y los Mormones[18].

Lo que es muy particular en el mensaje *Adventista del Séptimo Día* es la terminología. Parece evangélica, pero no lo es y es ahí donde está la decepción.

Sí, dicen que somos salvos por medio de Cristo, pero luego tendrás que guardar los mandamientos incluyendo el Sábado y otras reglas selectivas (no todos los mandamientos de la ley que serían al menos 613). Luego vendrá según ellos «El Juicio Investigador», donde serás juzgado en cómo guardaste estos mandamientos.

Entonces, de acuerdo a esto, la salvación ya no es por medio de Cristo, por gracia, por medio de la fe.

Es una mezcla de ley y gracia.

El sacrificio perfecto y completo de Cristo no es suficiente (de acuerdo a los adventistas). Entonces ya no es por gracia.

Si es por gracia sumado a obras, ya no es por gracia.

> *Y si por gracia, ya no es por obras; de otra manera la gracia ya no es gracia. Y si por obras, ya no es gracia; de otra manera la obra ya no es obra. Romanos 11:6 RVR1960*

> *Porque por gracia sois salvos por medio de la fe; y esto no de vosotros, pues es don de Dios; no por obras, para que nadie se gloríe. Efesios 2:8,9 RVR1960*

Amado lector. El verdadero evangelio nos da seguridad de que hemos sido salvos una vez que venimos a Cristo.

Esta salvación es por fe, sin las obras de la ley.

Pablo dice:

> *Concluimos, pues, que el hombre es justificado por fe sin las obras de la ley. Romanos 3:28 RVR1960*

Esta es la verdadera certeza del evangelio.

Tú puedes saber que «tienes vida eterna» desde ahora.

> *Estas cosas os he escrito a vosotros que creéis en el nombre del Hijo de Dios, para que sepáis que tenéis vida eterna, y para que creáis en el nombre del Hijo de Dios. 1 Juan 5:13 RVR1960*

Si tu salvación dependiera de tu comportamiento, entonces no se necesitaría que Cristo fuera a la cruz. Todo lo que tienes que hacer es portarte bien guardando los mandamientos.

Esto trae un triple problema:

1- Tú te llevarías el crédito por tu salvación

Sería tu trofeo por guardar los mandamientos, leyes y regulaciones.

Sería tu logro. No tuvieras que agradecer nada a Cristo, porque fue tu comportamiento el medio por el cual obtuviste salvación.

Sin embargo, el texto dice claramente *«no por obras, para que nadie se gloríe» (Efesios 2:9).*

2- El sacrificio de Cristo en la cruz hubiera sido en vano

No hubiera sido necesario que Cristo hubiera sido ofrecido en sacrificio por nosotros, pues tu salvación la has conquistado por tu esfuerzo.

Este sería *«pisotear al Hijo de Dios»*, *«tener por inmunda la sangre del pacto»*, y *«hacer afrenta al Espíritu de gracia»*.

> *¿Cuánto mayor castigo pensáis que merecerá el que pisoteare al Hijo de Dios, y tuviere por inmunda la sangre del pacto en la cual fue santificado, e hiciere afrenta al Espíritu de gracia? Hebreos 10:29 RVR1960*

3- Tu comportamiento al guardar los mandamientos y las leyes tendría que ser perfecto

Lo cual es imposible, pues Santiago dice que si ofendieres en un punto eres culpable de haberlos roto todos.

> *Porque cualquiera que guardare toda la ley, pero ofendiere en un punto, se hace culpable de todos. Santiago 2:10 RVR1960*

Amados, así es la ley, o la guardas toda o si rompes en un solo punto eres culpable de haber roto todos los mandamientos.

Es una proposición de todo o nada.

Note que la ley te dice que para obtener bendiciones tienes que guardar todo, y si no guardas todo, entonces te vendrán maldiciones.

Note la palabra «todos».

> *Acontecerá que si oyeres atentamente la voz de Jehová tu Dios, para guardar y poner por obra todos sus mandamientos que yo te prescribo hoy, también Jehová tu Dios te exaltará sobre todas las naciones de la tierra. Y vendrán sobre ti todas estas bendiciones, y te alcanzarán, si oyeres la voz de Jehová tu Dios. Deuteronomio 28:1,2 RVR1960*

Este es el contraste…

> *Pero acontecerá, si no oyeres la voz de Jehová*

tu Dios, para procurar cumplir todos sus mandamientos y sus estatutos que yo te intimo hoy, que vendrán sobre ti todas estas maldiciones, y te alcanzarán. Deuteronomio 28:15 RVR1960

7

EL SÁBADO Y OTRAS LEYES

La estricta obediencia a guardar el día Sábado y las leyes dietéticas.

Los *Adventistas del Séptimo Día* enseñan que los cristianos están obligados a guardar el día Sábado como el día dedicado a Dios conforme a la Ley del Antiguo Testamento.

A la vez, enseñan que quienes se reúnen a adorar a Dios en Domingo (o guardan el Domingo, u observan el Domingo como el día del Señor) están aceptando la marca de la bestia profetizada en Apocalipsis 13:18. Esto para empezar es una interpretación forzada del texto apocalíptico. Es mala escatología.

¿De dónde sacaron esta enseñanza tan descabellada?

Ellos enseñan que el Domingo comenzó a observarse en la era del Emperador romano Constantino y que la práctica fue tomada del paganismo y proviene de la adoración del día del dios sol (Sunday).

¿Qué dice la Biblia de esto?

Para empezar, la premisa es incorrecta, porque la mayoría de los cristianos evangélicos no «guardan u observan» el Domingo. Ya esto sería cambiar una ley por otra. «Guardar» ya es ley.

Los cristianos «se reúnen en Domingo» lo cual es muy diferente. Pero sí es cierto que dentro de algunas tradiciones cristianas se le llama al Domingo «el día del Señor». En esto tendrían razón y debemos ser justos.

Ahora. ¿Por qué se reunen los cristianos en Domingo, en lugar del Sábado como lo hacen los judíos desde tiempos antiguos?

La Biblia muestra claramente que Jesucristo resucitó el primer día de la semana, en Domingo (por eso en español se le llama Domingo, de dominus, día del Señor en Latín).

En el Nuevo Testamento vemos que los discípulos de Jesús y muchos de los primeros cristianos judíos se comenzaron a reunir los Domingos a partir de la resurrección de Cristo.

Debemos tomar en cuenta que el Nuevo Pacto vino a reemplazar al Antiguo Pacto el cual caducó con la muerte de Cristo —el perfecto y último sacrificio, hecho una sola vez y suficiente para siempre.

> *Al decir: Nuevo pacto, ha dado por viejo al primero; y lo que se da por viejo y se envejece, está*

próximo a desaparecer. Hebreos 8:13 RVR1960

Jesús era el cumplimiento de las promesas del Antiguo Pacto estableciendo uno Nuevo. El cual es mejor y establecido sobre mejores promesas.

Pero ahora tanto mejor ministerio es el suyo, cuanto es mediador de un mejor pacto, establecido sobre mejores promesas. Hebreos 8:6 RVR1960

Los primeros cristianos celebraban la resurrección de Cristo el Domingo.

Jesús se levantó de la muerte en el primer día de la semana: el Domingo

*Y muy de mañana, **el primer día de la semana**, vinieron al sepulcro, ya salido el sol. Marcos 16:2 RVR1960*

*Pasado el día de reposo, **al amanecer del primer día de la semana**, vinieron María Magdalena y la otra María, a ver el sepulcro. Mateo 28:1 RVR1960*

***El primer día de la semana**, muy de mañana, vinieron al sepulcro, trayendo las especias aromáticas que habían preparado, y algunas otras mujeres con ellas. Lucas 24:1 RVR1960*

***El primer día de la semana**, María Magdalena fue de mañana, siendo aún oscuro, al sepulcro; y vio quitada la piedra del sepulcro. Juan 20:1 RVR1960*

Note que Mateo 28:1 dice «*pasado el día de reposo*», es decir, el día que viene después del Sábado.

LOS PRIMEROS CRISTIANOS SE REUNÍAN LOS DOMINGOS

> ***El primer día de la semana***, *reunidos los discípulos para partir el pan, Pablo les enseñaba, habiendo de salir al día siguiente; y alargó el discurso hasta la medianoche. Hechos 20:7 RVR1960*

> ***Cada primer día de la semana*** *cada uno de vosotros ponga aparte algo, según haya prosperado, guardándolo, para que cuando yo llegue no se recojan entonces ofrendas. 1 Corintios 16:2 RVR1960*

Juan en el Apocalipsis le llama «el día del Señor», lo que nos dice que para el tiempo en que el libro fue escrito ya la terminología era usada.

> *Yo estaba en el Espíritu en* ***el día del Señor****, y oí detrás de mí una gran voz como de trompeta... Apocalipsis 1:10 RVR1960*

PABLO NOS ENSEÑA QUE NO ES NECESARIO GUARDAR EL SÁBADO BAJO EL NUEVO PACTO

Pablo también nos enseña que nadie debe juzgar al creyente que no lo guarda o que no se somete a las reglas de alimentación del Antiguo Testamento.

Por tanto, nadie os juzgue en comida o en bebida, o en cuanto a días de fiesta, luna nueva o días de reposo… Colosenses 2:16 RVR1960

En el libro de Romanos vemos a Pablo enseñando a los creyentes a reconciliar las diferencias entre los creyentes judíos y gentiles.

Uno hace diferencia entre día y día; otro juzga iguales todos los días. Cada uno esté plenamente convencido en su propia mente. El que hace caso del día, lo hace para el Señor; y el que no hace caso del día, para el Señor no lo hace. El que come, para el Señor come, porque da gracias a Dios; y el que no come, para el Señor no come, y da gracias a Dios. Romanos 14:5-6 RVR1960

Algunos creyentes judíos todavía obedecían a la ley del Sábado, y se abstenían de comer carne según las leyes del Antiguo Testamento. Los creyentes gentiles no lo hacían.

Pablo explícitamente les dice que está bien no guardar el Sábado, ni las leyes de alimentos.

Pablo es paciente con los que todavía no disfrutaban esta libertad —judíos que querían mantener sus tradiciones— pero deja bien claro que estos debían respetar a los gentiles que no guardaban el Sábado.

8

ARGUMENTOS PRINCIPALES SOBRE EL SÁBADO Y LOS MANDAMIENTOS

Existen varios textos que son usados por los *Adventistas del Séptimo Día* para defender los mandatos de guardar el Sábado.

Estos son sacados del contexto bíblico inmediato y del contexto general. Y una característica muy común en el método de interpretación de la iglesias adventistas es que no hay pactología.

Violan las diferencias en Antiguo y Nuevo Pacto. Como si Jesús nunca hubiese ido a la cruz. Como si no hubiese habido un cambio de pacto y de sacerdocio. Hablaré más sobre esto más adelante.

Entre todos los argumentos usados por esta secta para mantener en pie las ordenanzas del Sábado y los mandamientos de la ley judía, hay tres que sobresalen. Por lo menos en mi experiencia al lidiar con argumentos que me han presentado durante años.

Estos son:

> 1- Que el Sábado (y los mandamientos) nos fueron dados por pacto perpetuo.
>
> 2- Pablo guardaba la Torah y dijo que la ley es buena. Por eso hay que guardarla. Este argumento es también usado por «cristianos» mesiánicos.
>
> 3- Jesús dijo que no vino a quitar la ley, sino a cumplirla. Entonces hay que guardarla.

Con estos tres argumentos ellos afirman que hay que guardar el Sábado y los mandamientos de la ley. Aunque ellos son selectivos en cuanto a cuáles mandamientos guardar y cuáles no, por lo que como dije antes y según Santiago 2:10, al romper uno, todo queda invalidado.

En los próximos tres capítulos voy a tratar con estos tres argumentos y vamos a ver, qué es exactamente lo que la Biblia dice y cómo estas ideas adventistas se derrumban ante la verdad.

Después de lidiar con estos argumentos pasaré a delinear los otros errores en la doctrina adventista.

9

ARGUMENTO: QUE EL SÁBADO (Y LOS MANDAMIENTOS) NOS FUERON DADOS POR PACTO PERPETUO

¿DEBEMOS GUARDAR EL SÁBADO?

Los *Adventistas del Séptimo Día* argumentan que tenemos que guardar el Sábado, y entre otros textos, usan el versículo 16 de Éxodo 31 diciendo que debemos «Guardar el Sábado porque la ley es un pacto perpetuo». Dicho sea de paso, este texto no es sólo usado por las adventistas. Otras sectas y grupos lo usan, entre ellos los «cristianos» mesiánicos y aún unos pocos grupos evangélicos que han sido desviados y han regresado a la ley. [19]

Leamos el texto.

> *Guardarán, pues, el día de reposo los hijos de Israel, celebrándolo por sus generaciones por pacto perpetuo. Éxodo 31:16 RVR1960*

Para comenzar. La ley no es un pacto perpetuo para toda la humanidad y para todos los tiempos, porque este mandato fue dado específicamente a «los hijos de Israel» y porque la ley tenía una fecha de caducación.

Preste atención a los textos bíblicos que voy a mencionar.

La ley no es un pacto perpetuo (para todos y para siempre) porque:

1- Fue dada para Israel.

El antiguo pacto fue con los hijos de Israel. Leamos el versículo completo.

> *Guardarán, pues, el día de reposo los hijos de Israel, celebrándolo por sus generaciones por pacto perpetuo. Éxodo 31:16 RVR1960*

Note que es perpetuo ***para los hijos de Israel.***

La ley es para ***"los hijos de Israel".***

> *Pero sabemos que todo lo que la ley dice, lo dice a los que están bajo la ley, para que toda boca se cierre y todo el mundo quede bajo el juicio de Dios… Romanos 3:19 RVR1960*

2- Era un pacto temporal —hasta el tiempo de reformar las cosas.

La ley ha caducado.

Era temporal, impuesto hasta el tiempo de reformar las cosas.

Cristo ya presente, cumplió todos los símbolos y sombras que la ley hablaba de Él, siendo Él el cumplimiento y cierre de la ley para iniciar un nuevo y mejor pacto.

Primero. Establecemos que la ley caducó.

> *...porque el fin de la ley es Cristo, para justicia a todo aquel que cree. Romanos 10:4 RVR1960*
>
> *Al decir: Nuevo pacto, ha dado por viejo al primero; y lo que se da por viejo y se envejece, está próximo a desaparecer. Hebreos 8:13 RVR1960*

CRISTO ES EL **CUMPLIMIENTO**

En el tercero de estos tres argumentos, explicaré en detalles como Cristo es el cumplimiento de lo que dijeron la ley y los profetas.

Por el momento sólo quiero decir que la ley caducó cuando vino Cristo que es el cumplimiento de la ley, *«el fin de la ley es Cristo»*.

UN MANDAMIENTO PERPETUO Y QUE LOS ADVENTISTAS NO GUARDAN

Los adventistas abogan que hay que guardar el Sábado y los mandamientos porque es pacto perpetuo.

Mi pregunta es:

¿Por qué no guardan otros mandamientos que los textos antiguos también dicen que son por pacto perpetuo?

Por ejemplo: La Circuncisión.

LOS *ADVENTISTAS DEL SÉPTIMO DÍA* NO SE CIRCUNCIDAN

De acuerdo a la misma lógica, la circuncisión es también pacto perpetuo. ¿Por que los Adventistas no se circuncidan?

Lea lo que dice el texto.

> *Debe ser circuncidado el nacido en tu casa, y el comprado por tu dinero; y estará mi pacto en vuestra carne por pacto perpetuo. Génesis 17:13 RVR1960*

Este es un ejemplo de como los adventistas son selectivos en cuanto a cuáles leyes guardar.

Claro que los creyentes en el Nuevo Pacto no nos tenemos que circuncidar.

> *He aquí, yo Pablo os digo que si os circuncidáis, de nada os aprovechará Cristo. Gálatas 5:2 RVR1960*

De la misma manera, tampoco tenemos que guardar el Sábado como día de reposo.

10

ARGUMENTO: PABLO GUARDABA LA TORAH Y DIJO QUE LA LEY ES BUENA

Este argumento dice que Pablo guardaba la Torah y dijo que la ley es buena. Por eso hay que guardarla. Este argumento es también usado por «cristianos» mesiánicos.

Pablo dijo que la ley es buena y santa porque tenía un propósito. El propósito de la ley no era salvarnos, sino mostrarnos el pecado en nosotros, para entonces guiarnos a Cristo, quien sí puede salvarnos.

Veamos el texto.

> *¿Qué diremos, pues? ¿La ley es pecado? En ninguna manera. Pero yo no conocí el pecado sino por la ley; porque tampoco conociera la codicia, si la ley*

> *no dijera: No codiciarás. De manera que **la ley a la verdad es santa**, y el mandamiento santo, justo y bueno. Y si lo que no quiero, esto hago, apruebo que la ley es buena. De manera que ya no soy yo quien hace aquello, sino el pecado que mora en mí. Romanos 7:7, 12, 16-17 RVR1960*

Entonces…

¿PARA QUÉ ES LA LEY?

Para llevarnos a Cristo, ya que no nos podía salvar.

Para que la gracia sobreabunde, haciendo lo que la ley no pudo hacer.

> *De manera que la ley ha sido nuestro ayo, para llevarnos a Cristo, a fin de que fuésemos justificados por la fe. Pero venida la fe, ya no estamos bajo ayo… Gálatas 3:24-25 RVR1960*

> *Pero la ley se introdujo para que el pecado abundase; mas cuando el pecado abundó, sobreabundó la gracia… Romanos 5:20 RVR1960*

¿PARA QUIÉN ES LA LEY?

La ley fue escrita para Israel.

La ley fue escrita para los impíos.

Pero sabemos que todo lo que la ley dice, lo dice a los que están bajo la ley, para que toda boca se cierre y todo el mundo quede bajo el juicio de Dios… Romanos 3:19 RVR1960

…conociendo esto, que la ley no fue dada para el justo, sino para los transgresores y desobedientes, para los impíos y pecadores, para los irreverentes y profanos, para los parricidas y matricidas, para los homicidas… 1 Timoteo 1:9 RVR1960

Quien intenta justificarse guardando la ley…

- Está bajo maldición.
- Está desligado de Cristo.
- Debe guardarla completa, pues si ofende en un punto es culpable de haber roto todos los mandamientos

Se lo explico, texto por texto.

1- Está bajo maldición.

Porque todos los que dependen de las obras de la ley están bajo maldición, pues escrito está: Maldito todo aquel que no permaneciere en todas las cosas escritas en el libro de la ley, para hacerlas. Gálatas 3:10 RVR1960

2- Está desligado de Cristo.

De Cristo os desligasteis, los que por

la ley os justificáis; de la gracia habéis caído. Gálatas 5:4 RVR1960

3- Debe guardarla completa.

Porque cualquiera que guardare toda la ley, pero ofendiere en un punto, se hace culpable de todos. Santiago 2:10 RVR1960

11

ARGUMENTO: JESÚS DIJO QUE NO VINO A QUITAR LA LEY, SINO A CUMPLIRLA, ENTONCES HAY QUE GUARDARLA

Veamos el texto y que quiso decir Jesús.

> *No penséis que he venido para abrogar la ley o los profetas; no he venido para abrogar, sino para cumplir. Mateo 5:17 RVR1960*

¿Qué significa: Cristo vino a cumplirla?

Note que Jesús no solo mencionó la ley en Mateo 5:17.

Él dijo: ***"la ley o los profetas"***.

El antiguo pacto presentaba símbolos y tipos sobre la

persona de Cristo. Cristo es el cumplimiento de esos símbolos. Es decir, los cumplió. Es profecía cumplida. Él no es símbolo, es realidad cumplida.

¿Cómo es Cristo el cumplimiento de la ley y los profetas?

La ley era temporal, impuesta hasta el tiempo de reformar las cosas.

Cristo ya presente, cumplió todos los símbolos y sombras que la ley hablaba de Él, siendo Él el cumplimiento y cierre de la ley para iniciar un nuevo y mejor pacto.

¿Qué significa que Cristo no vino a abrogar la ley sino a cumplirla?

Establecemos primero que la ley caducó. Se cumplió.

> *..porque el fin de la ley es Cristo, para justicia a todo aquel que cree. Romanos 10:4 RVR1960*
>
> *Al decir: Nuevo pacto, ha dado por viejo al primero; y lo que se da por viejo y se envejece, está próximo a desaparecer. Hebreos 8:13 RVR1960*

Entonces…

¿Qué significa: «Cristo vino a cumplirla»?

Como dije antes, el antiguo pacto presentaba ***símbolos y tipos*** sobre la persona de Cristo.

"Cristo es el cumplimiento de esos símbolos".

Es decir, los cumplió. Como dije antes: Es profecía cumplida. El no es símbolo, es realidad cumplida.

> ***"Jesús es EL CUMPLIMIENTO de lo que la ley y los profetas habían anunciado por medio de símbolos (la ley) y profecías (los profetas)".***

Para asimilar esto a más profundidad, es necesario que leamos el texto completo en estas porciones del libro de Hebreos para ver la diferencia entre sombras (símbolos) y «la imagen misma de las cosas». Note las palabras que enfaticé en negritas.

> *Ahora bien, aun el primer pacto tenía ordenanzas de culto y un santuario terrenal. Porque el tabernáculo estaba dispuesto así: en la primera parte, llamada el Lugar Santo, estaban el candelabro, la mesa y los panes de la proposición. Tras el segundo velo estaba la parte del tabernáculo llamada el Lugar Santísimo, el cual tenía un incensario de oro y el arca del pacto cubierta de oro por todas partes, en la que estaba una urna de oro que contenía el maná, la vara de Aarón que reverdeció, y las tablas del pacto; y sobre ella los querubines de gloria que cubrían el propiciatorio; de las cuales cosas no se puede ahora hablar en detalle. Y así dispuestas estas cosas, en la primera parte del tabernáculo entran los sacerdotes continuamente para cumplir los oficios del culto; pero en la segunda parte, sólo el sumo sacerdote una vez al año, no sin*

sangre, la cual ofrece por sí mismo y por los pecados de ignorancia del pueblo; dando el Espíritu Santo a entender con esto que aún no se había manifestado el camino al Lugar Santísimo, entre tanto que la primera parte del tabernáculo estuviese en pie. ***Lo cual es símbolo*** *para el tiempo presente, según el cual se presentan ofrendas y sacrificios que no pueden hacer perfecto, en cuanto a la conciencia, al que practica ese culto, ya que consiste solo de comidas y bebidas, de diversas abluciones, y ordenanzas acerca de la carne,* ***impuestas hasta el tiempo de reformar las cosas****. Pero estando ya presente Cristo, sumo sacerdote de los bienes venideros, por el más amplio y más perfecto tabernáculo, no hecho de manos, es decir, no de esta creación, y no por sangre de machos cabríos ni de becerros, sino por su propia sangre, entró una vez para siempre en el Lugar Santísimo, habiendo obtenido eterna redención. Hebreos 9:1-12 RVR1960*

Note en los textos leídos que dice que estas cosas eran «símbolo», que consistía en «ordenanzas acerca de la carne», y que era temporal «impuestas hasta el tiempo de reformar las cosas».

¿Cuándo es ese tiempo?

Cuando Cristo vino por primera vez y por medio de Su muerte trajo cumplimiento a todo lo que la ley y los profetas decían de Él.

Note que el texto dice: *«Pero estando ya presente Cristo».*

La sombras y los símbolos eran continuos. El sacerdote de la ley, tenía que continuar ofreciendo sacrificios que dice el texto leído que *«no pueden hacer perfecto, en cuanto a la conciencia, al que practica ese culto».*

Sin embargo, al estar presente Cristo, que es el cumplimiento, pudo obtener eterna redención, y perfeccionar (completar, cumplir) lo que la ley no podía hacer.

> *Y ciertamente todo sacerdote está día tras día ministrando y ofreciendo muchas veces los mismos sacrificios, que nunca pueden quitar los pecados; pero Cristo, habiendo ofrecido una vez para siempre un solo sacrificio por los pecados, se ha sentado a la diestra de Dios, de ahí en adelante esperando hasta que sus enemigos sean puestos por estrado de sus pies; porque con una sola ofrenda hizo perfectos para siempre a los santificados. Hebreos 10:11-14 RVR1960*

La salvación en este nuevo pacto es por la fe de Jesucristo, no por las obras de la ley, no por guardar el Sábado.

> *Concluimos, pues, que el hombre es justificado por fe sin las obras de la ley. Romanos 3:28 RVR1960*

...y que de todo aquello de que por la ley de Moisés no pudisteis ser justificados, en él es justificado todo aquel que cree. Hechos 13:39 RVR1960

...sabiendo que el hombre no es justificado por las obras de la ley, sino por la fe de Jesucristo, nosotros también hemos creído en Jesucristo, para ser justificados por la fe de Cristo y no por las obras de la ley, por cuanto por las obras de la ley nadie será justificado. Gálatas 2:16 RVR1960

...ya que por las obras de la ley ningún ser humano será justificado delante de él; porque por medio de la ley es el conocimiento del pecado. Romanos 3:20 RVR1960

El adventista entonces te va a decir: «No decimos que somos salvos por guardar el Sábado; somos salvos por creer en Cristo».

Esto es superficial y está condicionado, pues ellos afirman que en realidad no puedes estar seguro de tu salvación y que todo en realidad se va a decidir cuando estés en el ***Juicio Investigador***, donde Dios te pedirá cuentas de si guardaste el Sábado y los mandamientos o no.

Entonces ya no es por gracia. Es por obras. Y esto niega la doctrina esencial cristiana de la justificación por gracia solamente y sin las obras de la ley.

Concluimos, pues, que el hombre es justificado por fe sin las obras de la ley. Romanos 3:28 RVR1960

12

ENTONCES, ¿PARA QUÉ SIRVE LA LEY?

Uno de los argumentos de los *Adventistas del Séptimo Día* es que cuando son cuestionados en el área de los mandamientos, tienden a decir que quienes les cuestionan están abogando a favor del libertinaje.

Que sus críticos están buscando licencia para adulterar, robar o romper cualquiera de los mandamientos sin padecer consecuencias.

Esta es una defensa muy pobre.

La gracia no es licencia para vivir vidas carnales.

Entonces. ¿Qué uso tienen los mandamientos en la vida del creyente?

¿Para qué sirve la ley?

Veamos como Pablo trata con esto.

Entonces, ¿para qué sirve la ley? Fue añadida a causa de las transgresiones, hasta que viniese la simiente a quien fue hecha la promesa… Gálatas 3:19 RVR1960

Note que Pablo hace la pregunta: «***Entonces, ¿para qué sirve la ley?***».

Y nos dice claramente cuál es el propósito de la ley: «***Fue añadida a causa de las transgresiones…***».

Y luego nos dice que esa ley era temporal.

«***…hasta que viniese la simiente***»

La ley tenía un tiempo de caducación.

Entonces… ¿Cómo leemos el Antiguo Testamento?

¿Cómo leer la ley, ahora que estoy bajo la gracia de Dios? ¿Cómo lidiar con los mandamientos ahora que estoy bajo la gracia?

La Ley es Buena y Santa si la usamos «***legítimamente***».

Para comenzar, debemos dejar establecido que la Palabra de Dios dice que «la ley es buena y santa». Esto no quiere decir que regresaremos a guardarla, porque ahora estamos en un mejor pacto establecido sobre mejores promesas, sin embargo la ley tenía un propósito.

Pero sabemos que la ley es buena, si uno la usa legítimamente… 1 Timoteo 1:8 RVR1960

De manera que la ley a la verdad es santa, y el mandamiento santo, justo y bueno. Porque sabemos que la ley es espiritual; mas yo soy carnal, vendido al pecado. Y si lo que no quiero, esto hago, apruebo que la ley es buena. Romanos 7:12,24,16 RVR1960

No debemos caer en el error conocido como: **Antinomismo** (del griego άντί, "contra", y νόμος, "ley").

Este sería el extremo del legalismo. El error consiste en desechar la ley por completo, ignorando el propósito por el cual fue escrita.

Algunos grupos que dicen estar en la gracia han desechado por completo el texto del Antiguo Testamento, y esto es triste.

La ley tiene mucho que enseñarnos si la usamos ***«legítimamente»***.

Ya antes establecimos que:

- No estamos bajo la ley
- El propósito de la ley es «llevarnos a Cristo»
- La gracia es un pacto superior

La pregunta que surge entonces es:

¿Cómo tratamos el Antiguo Testamento? ¿Qué hacemos con todos los escritos de la ley?

¿Qué hago con los mandamientos?

Ya sabemos que la ley de los mandamientos no nos puede salvar.

Somos salvos por gracia.

> *Porque por gracia sois salvos por medio de la fe; y esto no de vosotros, pues es don de Dios; no por obras, para que nadie se gloríe. Efesios 2:8,9 RVR1960*

Entonces… ¿Desecho los mandamientos?

¿Es licencia para matar, robar, cometer adulterio?

NO.

Ahora que sé que la ley no me puede salvar, que no tengo que guardar los mandamientos para ser salvo…

Tengo la libertad para disfrutar de toda la (1) Sabiduría e (2) Instrucciones que vienen inscritas en los libros de la ley.

Ejemplo.

David se deleitaba (se gozaba) leyendo la ley, pero sabía que la ley apuntaba a quien SÍ podía perfeccionarnos.

1- Amando la ley

> *Y me regocijaré en tus mandamientos, Los cuales he amado. Salmos 119:47 RVR1960*

> *Se engrosó el corazón de ellos como sebo, Mas yo en tu ley me he regocijado. Salmos 119:70 RVR1960*

He deseado tu salvación, oh Jehová, Y tu ley es mi delicia. Salmos 119:174 RVR1960

2- Apuntando al Mesías

Dios mío, Dios mío, ¿por qué me has desamparado? ¿Por qué estás tan lejos de mi salvación, y de las palabras de mi clamor? Salmos 22:1 RVR1960

Repartieron entre sí mis vestidos, Y sobre mi ropa echaron suertes. Salmos 22:18 RVR1960

Porque no dejarás mi alma en el Seol, Ni permitirás que tu santo vea corrupción. Salmos 16:10 RVR1960

Pedro confirma el cumplimiento…

Hechos 2:22—27 RVR1960

22 Varones israelitas, oíd estas palabras: Jesús nazareno, varón aprobado por Dios entre vosotros con las maravillas, prodigios y señales que Dios hizo entre vosotros por medio de él, como vosotros mismos sabéis;

23 a este, entregado por el determinado consejo y anticipado conocimiento de Dios, prendisteis y matasteis por manos de inicuos, crucificándole;

24 al cual Dios levantó, sueltos los dolores de la muerte, por cuanto era imposible que fuese retenido por ella.

25 Porque David dice de él: Veía al

Señor siempre delante de mí; Porque está a mi diestra, no seré conmovido.

26 Por lo cual mi corazón se alegró, y se gozó mi lengua, Y aun mi carne descansará en esperanza;

27 Porque no dejarás mi alma en el Hades, Ni permitirás que tu Santo vea corrupción.

Entonces…

Si no estamos bajo la ley… ¿Cómo lidiar con todo el texto antiguo?

1- Necesitamos leer la ley y los profetas «con Cristo en mente», no con legalismo en mente.

- El religioso usa la ley para atarte. —Tienes que guardar esto o aquello.
- El que ha sido alumbrado y está en gracia, «ve a Cristo en la ley». —El espíritu de la ley, no la letra de la ley.

Ver. Romanos 2:27; 2 Corintios 3:6

2- En la ley hay sabiduría, principios de vida, instrucciones, guianza.

Las consecuencias del pecado no cambian bajo ley o gracia.

Ejemplo.

Si robas, eres culpable de la misma manera.

Tu conciencia es dañada de la misma manera bajo ley o gracia.

La diferencia es que bajo la ley tu pecado era cubierto por medio de un sacrificio imperfecto y temporal.

Bajo la gracia, el sacrificio de Cristo es perfecto y quita ese pecado para siempre.

Hebreos 10:1—22 RVR1960

1 Porque la ley, teniendo la sombra de los bienes venideros, no la imagen misma de las cosas, nunca puede, por los mismos sacrificios que se ofrecen continuamente cada año, hacer perfectos a los que se acercan.

2 De otra manera cesarían de ofrecerse, pues los que tributan este culto, limpios una vez, no tendrían ya más conciencia de pecado.

3 Pero en estos sacrificios cada año se hace memoria de los pecados;

4 porque la sangre de los toros y de los machos cabríos no puede quitar los pecados.

5 Por lo cual, entrando en el mundo dice: Sacrificio y ofrenda no quisiste; Mas me preparaste cuerpo.

6 Holocaustos y expiaciones por el

pecado no te agradaron.

7 Entonces dije: He aquí que vengo, oh Dios, para

hacer tu voluntad, Como en el rollo
del libro está escrito de mí.

8 Diciendo primero: Sacrificio y ofrenda y
holocaustos y expiaciones por el pecado no quisiste, ni
te agradaron (las cuales cosas se ofrecen según la ley),

9 y diciendo luego: He aquí que vengo, oh Dios,
para hacer tu voluntad; quita lo primero, para
establecer esto último. 10 En esa voluntad somos
santificados mediante la ofrenda del cuerpo
de Jesucristo hecha una vez para siempre.

11 Y ciertamente todo sacerdote está día tras día
ministrando y ofreciendo muchas veces los mismos
sacrificios, que nunca pueden quitar los pecados;

12 pero Cristo, habiendo ofrecido una vez
para siempre un solo sacrificio por los pecados,
se ha sentado a la diestra de Dios,

13 de ahí en adelante esperando hasta que sus
enemigos sean puestos por estrado de sus pies;

14 porque con una sola ofrenda hizo
perfectos para siempre a los santificados.

15 Y nos atestigua lo mismo el Espíritu
Santo; porque después de haber dicho:

16 Este es el pacto que haré con ellos Después de aquellos días, dice el Señor: Pondré mis leyes en sus corazones, Y en sus mentes las escribiré,

17 añade: Y nunca más me acordaré de sus pecados y transgresiones.

18 Pues donde hay remisión de estos, no hay más ofrenda por el pecado.

19 Así que, hermanos, teniendo libertad para entrar en el Lugar Santísimo por la sangre de Jesucristo,

20 por el camino nuevo y vivo que él nos abrió a través del velo, esto es, de su carne,

21 y teniendo un gran sacerdote sobre la casa de Dios,

22 acerquémonos con corazón sincero, en plena certidumbre de fe, purificados los corazones de mala conciencia, y lavados los cuerpos con agua pura.

Vimos en Hebreos 10 que las ceremonias de la ley caducaron, ***pero… la mente de la ley, no.***

La manera de obtener perdón cambió (antes eran sacrificios imperfectos que cubrían el pecado, ahora un sólo sacrificio perfecto que quita el pecado); pero la mente, el objetivo de la ley (acercarnos a Dios, llevarnos a Cristo) está vivo.

Esa ley está ahora en nuestra mente.

Este es el pacto que haré con ellos Después de aquellos días, dice el Señor: Pondré mis leyes en sus corazones, Y en sus mentes las escribiré... Hebreos 10:16 RVR1960

No estamos bajo la ley, pero podemos usarla correctamente.

¿Cómo?

Gálatas 3:19—24 RVR1960

19 Entonces, ¿para qué sirve la ley? Fue añadida a causa de las transgresiones, hasta que viniese la simiente a quien fue hecha la promesa; y fue ordenada por medio de ángeles en mano de un mediador.

20 Y el mediador no lo es de uno solo; pero Dios es uno.

21 ¿Luego la ley es contraria a las promesas de Dios? En ninguna manera; porque si la ley dada pudiera vivificar, la justicia fuera verdaderamente por la ley.

22 Mas la Escritura lo encerró todo bajo pecado, para que la promesa que es por la fe en Jesucristo fuese dada a los creyentes.

23 Pero antes que viniese la fe, estábamos confinados bajo la ley, encerrados para aquella fe que iba a ser revelada.

24 De manera que la ley ha sido nuestro

ayo, para llevarnos a Cristo, a fin de que fuésemos justificados por la fe.

La ley de los mandamientos fue un maestro (nuestro ayo). Nos dijo que estábamos en pecado, señaló específicamente cuál es nuestro pecado. Pero no pudo salvarnos. Nos dirigió hacia Cristo quien sí puede perfeccionarnos con una sola ofrenda para siempre.

Eso es lo hermoso del evangelio. Esa es la buena noticia.

¡Sólo Cristo salva!

Note estos textos.

La ley tenía defecto y no pudo perfeccionar nada

Porque si aquel primero hubiera sido sin defecto, ciertamente no se hubiera procurado lugar para el segundo. Hebreos 8:7 RVR1960

(pues nada perfeccionó la ley) Hebreos 7:19 RVR1960

Cristo no tenía defecto y pudo por Su sacrificio perfeccionar todo.

...porque con una sola ofrenda hizo perfectos para siempre a los santificados. Hebreos 10:14 RVR1960

13

JUSTIFICACIÓN POR FE

Antes de tocar el resto de los errores en la doctrina adventista, creo que es necesario —después de haber hablado sobre el énfasis de esta secta en la ley de los mandamientos— expandir algo más sobre la doctrina de la justificación.[20]

Esta es la doctrina central cuando hablamos de pactología.[21]

La manera en que Dios aplica justicia (nos hace justos) «por gracia, por medio de la fe (Efesios 2:8,9)» hace toda la diferencia en cuanto a nuestro entendimiento de gracia y ley.

Debido a espacio, y que justificación no es todo el tema de este libro, sólo tocaré en este capítulo los principios fundamentales en cuanto a esta.

Sin embargo, usted puede profundizar más leyendo el libro *Soteriología: La doctrina de la redención*[22] y tomando el curso con el mismo título.[23]

LA JUSTIFICACIÓN

La justificación es una declaración judicial de parte de Dios para con aquellos que ahora están en Cristo.

Dios nos «declara justos», no debido a nuestras obras. Él nos imputa (acredita) la justicia de Su Hijo Jesucristo.

La palabra «justificación» viene del griego δικαιοσις dikaiosis.[24]

El acto de «justificar» (del griego dikaio) es un acto forense. Es una declaración que Dios emite como Juez.[25] Es ahora legalmente la posición que Dios nos ha otorgado. Somos pues, justos, limpios, «no culpables» ante Él —y por eso es que podemos tener paz para con Dios. Así lo dice Pablo en Romanos.

> *Justificados, pues, por la fe, tenemos paz para con Dios por medio de nuestro Señor Jesucristo… Romanos 5:1 RVR1960*

Pablo escribió también sobre esta justicia imputada en lo que llamamos «el gran intercambio».

> *Al que no conoció pecado, por nosotros lo hizo pecado, para que nosotros fuésemos hechos justicia de Dios en él. 2 Corintios 5:21 RVR1960*

Es un intercambio que no parece ser justo, pues Cristo que es verdaderamente justo «que no conoció pecado», fue hecho pecado, por nosotros y a cambio nosotros «que somos pecadores» somos declarados justos.

En otras palabras, nosotros le pasamos a Cristo nuestro pecado a cambio de Su justicia.

Parece ser un mal negocio en el que Dios sale perdiendo y nosotros ganando, lo cual nos muestra el profundo amor de Dios por nosotros al estar dispuesto a cambiarnos la justicia de Su Hijo por nuestro pecado.

Por eso es que la doctrina de la justificación, es posiblemente la más grande e importante de todas las doctrinas de nuestra fe, como lo dice Matthew Leighton:

> *«La doctrina más distintiva de la fe evangélica es la justificación por la fe sola. No hay ninguna otra religión en el mundo que tenga semejante enseñanza. No sólo es una doctrina distintiva, sino que viene a ser la única solución al problema más importante de la humanidad: su propia injusticia y la ruptura de su relación con el Creador».*[26]

LA LEY DE MOISÉS Y LA JUSTICIA DE DIOS

Los que estaban bajo la ley tenían la tendencia a jactarse de su «propia justicia». Una justicia conseguida por medio del buen comportamiento y la obediencia a la ley. Claro que esta era una justicia imperfecta, incompleta, pues nadie pudo jamás guardar perfectamente esa ley —excepto Jesucristo que es completamente Justo.

Veamos lo que Pablo dice al respecto:

> *Aunque yo tengo también de qué confiar en la carne.*

> *Si alguno piensa que tiene de qué confiar en la carne, yo más: circuncidado al octavo día, del linaje de Israel, de la tribu de Benjamín, hebreo de hebreos; en cuanto a la ley, fariseo; en cuanto a celo, perseguidor de la iglesia; en cuanto a la justicia que es en la ley, irreprensible. Pero cuantas cosas eran para mí ganancia, las he estimado como pérdida por amor de Cristo. Y ciertamente, aun estimo todas las cosas como pérdida por la excelencia del conocimiento de Cristo Jesús, mi Señor, por amor del cual lo he perdido todo, y lo tengo por basura, para ganar a Cristo, y ser hallado en él, no teniendo mi propia justicia, que es por la ley, sino la que es por la fe de Cristo, la justicia que es de Dios por la fe… Filipenses 3:4—9 RVR1960*

En ese texto Pablo dice, primero que él era *«en cuanto a la justicia que es en la ley, irreprensible»*. Esto es porque Pablo había practicado un fariseísmo estricto. Sin embargo, más adelante dice que esa justicia que es por la ley es una «justicia propia». Pablo nos da un claro contraste entre la justicia propia y la justicia de Cristo cuando dice: *«…no teniendo mi propia justicia, que es por la ley, sino la que es por la fe de Cristo…»*.

Claro está que la ley produce jactancia, pues el hombre se atribuye a sí mismo el resultado de su buen comportamiento, pero esto es incompleto, porque la ley *«no pudo perfeccionar nada» (Hebreos 7:19)*, pues era un pacto *«con defecto» (Hebreos 8:7)*.

JUSTIFICADOS SOLO POR LA FE, SOLO EN CRISTO, NO POR OBRAS

Justicia, de acuerdo al *Catolicismo Romano* tiene una connotación diferente. Debemos entender con claridad esta diferencia, pues aún dentro de círculos protestantes y evangélicos muchos suelen esquivar el contraste.

No tener claridad en esto permite que sectas como los *Adventistas del Séptimo Día* —quienes son muy críticos del catolicismo y sin embargo ven justificación en similar manera a ellos— puedan usar terminologías (que para ellos tienen un significado diferente) en formas que pueden pasar desapercibidas al oído del creyente evangélico.

Los teólogos católicos se refieren a la justificación como *«algo que nos acredita la gracia para que podamos producir buenas obras y ganar nuestro camino al cielo»*.

De hecho, en el Catecismo de la Iglesia Católica, publicado en el sitio oficial del Vaticano, encontramos lo siguiente: *«La justicia es la virtud moral que consiste en la constante y firme voluntad de dar a Dios y al prójimo lo que les es debido».*[27]

Amados lectores, evidentemente esta es una doctrina de justificación basada en obras y no en el evangelio.

De manera similar, para los adventistas, la virtud moral, el buen comportamiento, y la obediencia a los mandamientos determinan el estado de justificación de un creyente.

Aunque moralidad, obediencia y comportamiento pueden ser buenos indicadores de que un creyente ha sido justificado, estos pueden ser frutos de alguien que ha sido regenerado y no escaleras hacia la justificación.

Recordemos: ¡No es por obras!

Si la iglesia católica hubiera tenido una doctrina correcta en cuanto a la justificación, no se hubiera necesitado una reforma. La doctrina de la justificación por fe sola, está en el centro de la iluminación[28] que Dios le dio al reformador Martín Lutero, cuando el texto bíblico de Romanos 1 tomó vida en su espíritu.

> *Porque en el evangelio la justicia de Dios se revela por fe y para fe, como está escrito: Mas el justo por la fe vivirá. Romanos 1:17 RVR1960*

Así es. «*Mas el justo por la fe vivirá*» es la base de la reforma. Todos los otros puntos de las 95 tesis[29], incluyendo la eliminación de las indulgencias, parten de ese principio. La justificación de Dios es por fe y fe solamente.

Entonces, no es que Cristo nos acredite Su justicia para que podamos hacer buenas obras y nos ganemos ir al cielo, —muy lejos de eso— sino que Él nos justifica, lo cual nos da la entrada al cielo independientemente de nuestras obras.

Si es por obras, entonces sería «justicia propia» como la de los fariseos (Mateo 5:20), pero no es por obras «para que nadie se gloríe».

> *Porque por gracia sois salvos por medio de la fe; y esto no de vosotros, pues es don de Dios; no por obras, para que nadie se gloríe. Efesios 2:8,9 RVR1960*

No somos salvos (justificados) «por» obras, pero sí «para» buenas obras (como lo dice el versículo que sigue). Estas buenas obras son predestinadas y se manifiestan como resultado de el haber sido regenerados. Son un fruto.

> *Porque somos hechura suya, creados en Cristo Jesús para buenas obras, las cuales Dios preparó de antemano para que anduviésemos en ellas. Efesios 2:10 RVR1960*

Los textos sagrados son claros en este punto de la doctrina de la justificación. Mire lo que dice Pablo a los Gálatas.

> *...sabiendo que el hombre no es justificado por las obras de la ley, sino por la fe de Jesucristo, nosotros también hemos creído en Jesucristo, para ser justificados por la fe de Cristo y no por las obras de la ley, por cuanto por las obras de la ley nadie será justificado. Gálatas 2:16 RVR1960*

> *No desecho la gracia de Dios; pues si por la ley fuese la justicia, entonces por demás murió Cristo. Gálatas 2:21 RVR1960*

Ahí está muy claro. Vamos a procesar ese texto mirando cada afirmación repetida...

1. el hombre ***no es justificado por las obras de la ley***

2. sino ***por la fe*** de Jesucristo

3. hemos creído en Jesucristo, para ser ***justificados por la fe*** de Cristo

4. y ***no por las obras*** de la ley

5. por cuanto ***por las obras de la ley nadie será justificado***

¿Puede ver cómo Pablo recalca este concepto? ¿Por qué cree que repite las mismas afirmaciones?

No tenemos duda. El hombre es justificado por la fe de Cristo y no por las obras.

Y no hay excepciones, pues Pablo afirma que *«por las obras de la ley nadie será justificado»*. Hago hincapié en la palabra ***«nadie»***.

14

EL JUICIO INVESTIGADOR

Según los *Adventistas del Séptimo Día*, hay un juicio que ellos llaman: *El Juicio Investigador*[30]. Este (según ellos) es un juicio basado en las obras y obediencia a la ley que determinara la salvación.

Por supuesto, y como ya he dicho antes, ellos son selectivos en cuanto a cuáles leyes guardar.

¿De dónde salió esta doctrina de *El Juicio Investigador*?

El juicio investigador es una creencia distintiva de la iglesia Adventista del Séptimo Día, que afirma que el juicio divino de los cristianos profesos ha estado en progreso desde 1844.[31]

Esta enseñanza es atribuída por algunas fuentes a Elena G. de White. Sin embargo, una investigación más profunda indica que ya había estado entre ellos desde días antes. Elena G. de White, sin embargo describe y afirma esta doctrina en sus escritos.[32][33]

En una publicación de Adventist Today los mismos Adventistas intentan aclarar que esta doctrina no era parte de la visión de Hiram Edson. Que su visión no menciona el juicio investigador.

Esto dice la revista:

> *«Cuando la mayoría de los adventistas pensamos en el juicio investigador, viene a nuestra mente la visión histórica de Hiram Edson en un campo de maíz después de la noche del Gran Chasco. Pero la visión de Edson sobre Cristo entrando en el interior del Santuario del Tabernáculo Celestial, no menciona ningún juicio investigador».* [34]

De acuerdo a una publicación en el periódico millerita llamado The Day Star [35], esta doctrina no es mencionada en el trabajo de Edson, junto con O.R.L. Crosier y el Dr. Franklin B. Hahn cuando desarrollaron la doctrina de que Jesús había entrado en el Lugar Santísimo. De hecho y dicho sea de paso, ahí hay otra afirmación de esta otra falsa doctrina que fue la manera en que Edson explicó que la venida de Cristo había sido un evento espiritual. En otras palabras, que Miller tenía la fecha correcta pero que el evento no era exactamente la venida de Cristo a la tierra sino su entrada al lugar santísimo en el cielo. Doctrina que ya quedó desarmada en capítulos anteriores.

Edson decía que él sabía que Jesús había entrado al lugar santísimo ese año, pero no sabía exactamente para qué. [36]

¿De dónde viene entonces la doctrina de El Juicio Investigador?

Los mismos adventistas la atribuyen a Elon Everts. [37]

Debido a que las Escrituras hablan de un juicio tanto de los vivos como de los muertos, Everts razonó que Jesús había estado juzgando a los muertos de las épocas desde 1844.[38]

Elena G. de White amplió su enseñanza sobre el juicio investigador en la edición de 1888 de El Conflicto de los Siglos. [39]

¿En qué consiste esta falsa doctrina?

La edición de 1911 de El Conflicto de los Siglos de Ellen White sigue siendo la fuente principal de la enseñanza del juicio investigador para los adventistas. [40]

Esta doctrina enseña que Cristo comenzó a investigar y a juzgar a su pueblo en 1844. Comenzó con los creyentes muertos, y comenzará a juzgar a los creyentes vivos antes del fin de los tiempos. Durante este Juicio Investigador, Dios borra los pecados del creyente, o borra el nombre del creyente del Libro de la Vida. Cuando este juicio esté completo, la puerta de la misericordia se cerrará, y Jesús regresará a la tierra para recompensar a su pueblo de acuerdo con sus obras.

Vamos a examinar esta doctrina a la luz del texto bíblico.

Elena G. de White dice: Cada nombre es examinado, comenzando con Adán.

«A medida que los libros de memoria se van abriendo en el juicio, las vidas de todos los que hayan creído en Jesús pasan ante Dios para ser examinadas por él. EMPEZANDO CON LOS QUE VIVIERON LOS PRIMEROS EN LA TIERRA, nuestro Abogado presenta los casos de cada sucesiva generación, y termina con los vivos. Cada nombre es mencionado, cada caso cuidadosamente investigado. Habrá nombres que serán aceptados, y otros rechazados».[41]

La Biblia enseña que Dios ya sabe quiénes son los suyos.

Yo soy el buen pastor; y conozco mis ovejas… Juan 10:14 RVR1960

Conoce el Señor a los que son suyos… 2 Timoteo 2: 19 RVR1960

Dios ya sabe cuáles son sus ovejas. Él no necesita 155 años para establecer quién se salva y quién se pierde.

Elena G. de White dice: Cada individuo DEBE responder por sí mismo en el Juicio Investigador.

«Cuán importante, entonces, que cada mente contemple a menudo la solemne escena cuando el Juez se siente y los libros se abran, cuando, junto con Daniel, CADA INDIVIDUO DEBA RESPONDER POR SÍ MISMO al final de los días». [42]

La Biblia enseña que los creyentes en Cristo no

serán condenados.

> *De cierto, de cierto os digo: El que oye mi palabra, y cree al que me envió, tiene vida eterna; y no vendrá a condenación, mas ha pasado de muerte a vida. Juan 5: 24 RVR1960*

Elena G. de White dice: Nuestros pecados NO SON BORRADOS SINO HASTA DESPUÉS del juicio investigador.

> *«Pero, de acuerdo con la infalible palabra de Dios, cada uno será juzgado y recompensado de acuerdo con sus obras, y se nos amonesta a así hablar y así hacer 'como que habéis de ser juzgados por la ley de libertad.' Cuando haya habido arrepentimiento del pecado, cuando haya sido confesado y abandonado, entonces el perdón se escribirá al lado del nombre del pecador; PERO SUS PECADOS NO SON BORRADOS SINO HASTA DESPUÉS DEL JUICIO INVESTIGADOR».* [43]

La Biblia enseña que nuestros pecados son borrados cuando creímos.

> *Yo deshice como una nube tus rebeliones, y como niebla tus pecados; vuélvete a mí, porque yo te redimí. Isaías 44:22 RVR1960*

> *Así que, arrepentíos y convertíos, para que sean borrados vuestros pecados; para que vengan del Señor tiempos de refrigerio. Hechos 3:19 RVR1960*

> *... y la sangre de Jesucristo su Hijo nos limpia de todo pecado. 1 Juan 1:7 RVR1960*

Elena G. de White dice: Para 1850, la obra de Jesús estaba «casi terminada».

> *«Entonces vi que el Hermano Edson debía ceñirse toda la armadura y prepararse para partir, pues tenía un viaje que hacer, que las almas necesitaban ayuda, y que la OBRA DE JESÚS EN EL SANTUARIO ESTABA CASI TERMINADA ...»* [44]

La Biblia enseña que la obra de Cristo fue completada en la cruz.

Jesús dijo: *«Consumado es» Juan 19:30 RVR1960*

> *Pero Cristo, habiendo ofrecido una vez para siempre un solo sacrificio por los pecados, se ha sentado a la diestra de Dios, de ahí en adelante esperando hasta que sus enemigos sean puestos por estrado de sus pies; porque con una sola ofrenda hizo perfectos para siempre a los santificados." Hebreos 10: 12—14 RVR1960*

La Biblia enseña que la expiación de Cristo en la cruz hizo perfectos (tiempo pasado) a sus hijos.

Los cristianos no son hechos perfectos durante *El Juicio Investigador*. Si estamos *«en Cristo»* entonces fuimos hechos perfectos hace 2,000 años por medio del perfecto sacrificio de Cristo en la cruz.

No hay ninguna condenación en el cristiano.

> *Ahora, pues, ninguna condenación hay para los que están en Cristo Jesús… Romanos 8:1 RVR1960*

Ya hemos sido justificados.

> *Pues mucho más, estando ya justificados en su sangre, por él seremos salvos de la ira. Romanos 5:9 RVR1960*

15

EL SUEÑO DEL ALMA

La doctrina conocida como *El Sueño del Alma*, dice que al morir, el creyente duerme y no está consciente. En ese estado aguarda la resurrección final.

Esta doctrina es también compartida por los *Testigos de Jehová*. Ya señalé antes que Charles Taza Russel se congregó, y fue influenciado por los *Adventistas del Séptimo Día* antes de iniciar su propia secta. Esta es una de las doctrinas que Russel se trajo de los adventistas.

Esta doctrina se propaga dogmáticamente por parte de WatchTower Bible And Tract Society (Testigos de Jehová) en su libro ampliamente distribuido: *El Conocimiento Que Lleva A La Vida Eterna.* [45]
A esta doctrina de *El sueño del alma* también se conoce como mortalismo cristiano o psicopaniquismo. [46]

No es única, ni iniciada por los adventistas.

Desde siglos antes ya había viajado en círculos protestantes.

Martín Lutero comparó la muerte al sueño del trabajador después de un duro día de trabajo,[47] sin embargo, la idea no fue aceptada por la tradición luterana, y fue fuertemente rechazada por Juan Calvino en su "*Vigilia de la noche del alma*". [48]

¿Qué dice la Biblia de esto?

Recientemente escribí un libro titulado: *Ciudad Jardín: Tu lugar en el universo*, donde hablo extensamente sobre todo lo que sucede cuando morimos, el estado intermedio —a dónde vamos cuando morimos, cómo seremos, dónde exactamente estaremos, cómo será la vida eterna en la nueva tierra, después de la resurrección y los detalles sobre el jardín restaurado dentro de la Nueva Jerusalén. [49]

Para quienes quieren ir más profundo sobre el tema, les invito a obtener este libro mencionado (enlace en las notas).

Aquí presentaré los fundamentos que específicamente muestran que la doctrina de *El Sueño del Alma* es errónea y se encuentra fuera de la sana doctrina cristiana, fuera de las columnas de la ortodoxia cristiana histórica.

¿CUANDO TE MUERES A DÓNDE VAS?

¿Duermes o sigues viviendo?

¿A dónde voy cuando muero?

Ha habido un crecimiento en estos últimos años en interés sobre qué pasa con el alma del creyente una vez que este muere. ¿Duerme hasta el día de la resurrección, o va inmediatamente al cielo —a la presencia del Señor?

La mayor confusión se debe en gran parte a la presencia de los *Adventistas del Séptimo Día* y los Testigos de Jehová en las redes sociales y en el internet en general.

Sacando textos aislados y fuera de contexto han promovido el error de que el alma entra en un estado inconsciente (duerme) hasta el día de la resurrección.

¿Qué dice la Biblia sobre esto?

En la teología tenemos lo que se conoce como «el estado intermedio».

¿Estado intermedio?

Algunos teólogos llaman «estado intermedio» a lo que sucede entre el día que morimos y el día de la resurrección. ¿Cómo seremos? ¿Dónde estaremos?

No me gusta usar la terminología de «estado intermedio» porque creo que se presta a confusión. La falsa doctrina del purgatorio es tratada como un «estado intermedio», también la enseñanza de que «dormimos hasta el día de la resurrección» (lo que estamos tratando aquí), por lo que no me gusta usar esa frase. Sin embargo, por el hecho de que es usada por muchos teólogos y el concepto ya está en la arena, para que se comprenda a qué me refiero cuando hablo de lo que sucede entre el día en que morimos y el día de la resurrección, usaré el término.

Inmediatamente cuando mueres

Dos cosas importantes:

1- ¿Recuerdas al ladrón en la cruz? Jesús le dijo: «*De cierto te digo que hoy estarás conmigo en el paraíso*» *(Lucas 23:43).*

¿Qué significa hoy?

Jesús le estaba diciendo «hoy vamos a estar en el mismo lugar —juntos».

Pablo dice: Ausente del cuerpo, presente al Señor.

> *(porque por fe andamos, no por vista);*
> *pero confiamos, y más quisiéramos estar*
> *ausentes del cuerpo, y presentes al Señor.*
> *2 Corintios 5:7,8 RVR1960*

2- Cuando eres separado de esta morada terrestre, inmediatamente entras en tu morada celestial.

En otras palabras, al morir aquí, entramos en ese «estado intermedio»,donde tendremos cuerpo, pero será un cuerpo celestial.

> *Porque sabemos que si nuestra morada terrestre, este tabernáculo, se deshiciere, tenemos de Dios un edificio, una casa no hecha de manos, eterna, en los cielos. 2 Corintios 5:1 RVR1960*

Moradas

Algunos piensan que cuando Jesús dijo: «*En la casa de mi Padre muchas moradas hay… voy, pues, a preparar lugar para vosotros*» *(Juan 14:2)* estaba hablando de casas celestiales. Que tendrás una casa con tres recámaras y dos baños (como oí a alguien decir una vez). No. Moradas celestiales son cuerpos celestiales (2 Corintios 5:1,2).

Pablo también le llama a ese nuevo cuerpo: habitación celestial.

> *Porque sabemos que si nuestra morada terrestre, este tabernáculo, se deshiciere, tenemos de Dios un edificio, una casa no hecha de manos, eterna, en los cielos. Y por esto también gemimos, deseando ser revestidos de aquella nuestra habitación celestial… 2 Corintios 5:1,2 RVR1960*

Cuerpos celestiales y terrenales

> *Y hay cuerpos celestiales, y cuerpos terrenales; pero una es la gloria de los celestiales, y otra la de los terrenales. 1 Corintios 15:40 RVR1960*

Entonces. Cuando tu mueres, vas inmediatamente a la presencia del Señor, donde estarás «despierto y consciente».

Ese será tu estado hasta el día de la resurrección.

¿Dónde en el cielo exactamente estarás?

Estarás en el paraíso que está dentro de la Nueva Jerusalén.

- Ahí es donde Jesús le dijo al ladrón en la cruz que iría en ese mismo día en que iba a morir.
- Pablo dice haber visto ese paraíso.
- Ese paraíso va a descender, dentro de la Nueva Jerusalén, cuando el cielo venga a la tierra.

Entonces Jesús le dijo: De cierto te digo que hoy estarás conmigo en el paraíso. Lucas 23:43 RVR1960

Conozco a un hombre en Cristo, que hace catorce años (si en el cuerpo, no lo sé; si fuera del cuerpo, no lo sé; Dios lo sabe) fue arrebatado hasta el tercer cielo. Y conozco al tal hombre (si en el cuerpo, o fuera del cuerpo, no lo sé; Dios lo sabe), que fue arrebatado al paraíso, donde oyó palabras inefables que no le es dado al hombre expresar. 2 Corintios 12:2—4 RVR1960

Entonces. El paraíso está ahora dentro de la Nueva Jerusalén en el tercer cielo.

Mas la Jerusalén de arriba, la cual es madre de todos nosotros, es libre. Gálatas 4:26 RVR1960

El que tiene oído, oiga lo que el Espíritu dice a las iglesias. Al que venciere, le daré a comer del árbol de la vida, el cual está en medio del paraíso de Dios. Apocalipsis 2:7 RVR1960

Y ese paraíso descenderá dentro de la Nueva Jerusalén cuando esta desciende del cielo a la nueva tierra.

Vi un cielo nuevo y una tierra nueva; porque el primer cielo y la primera tierra pasaron, y el mar ya no existía más. Y yo Juan vi la santa ciudad, la nueva Jerusalén, descender del cielo, de Dios, dispuesta como una esposa ataviada para su marido. Apocalipsis 21:1,2 RVR1960

Después me mostró un río limpio de agua de vida, resplandeciente como cristal, que salía del trono de Dios y del Cordero. En medio de la calle de la ciudad, y a uno y otro lado del río, estaba el árbol de la vida, que produce doce frutos, dando cada mes su fruto; y las hojas del árbol eran para la sanidad de las naciones. Apocalipsis 22:1,2 RVR1960

¿Cuándo pasamos del estado intermedio al estado eterno?

En la Segunda Venida de Cristo (que es) cuando ocurre la resurrección.

La resurreccion

Pablo nos da un orden en cuanto a la resurrección.

Porque el Señor mismo con voz de mando, con voz de arcángel, y con trompeta de Dios, descenderá del cielo; y los muertos en Cristo resucitarán primero. Luego nosotros los que vivimos, los que hayamos quedado, seremos arrebatados juntamente con ellos en las nubes para recibir al Señor en el aire, y así estaremos siempre con el Señor. 1 Tesalonicenses 4:16,17 RVR1960

En ese orden nos damos cuenta que los cuerpos de los que ya habían muerto, resucitarán primero, luego, los que estamos vivos en el momento de la resurrección, seremos resucitados.

¿Qué cuerpo tendremos en la resurrección?

Algunos piensan que en la resurrección, tomaremos de nuevo un cuerpo como el que ahora tenemos, pero la Biblia claramente nos dice que ese cuerpo será un cuerpo espiritual.

> *Se siembra cuerpo animal, resucitará cuerpo espiritual. Hay cuerpo animal, y hay cuerpo espiritual. 1 Corintios 15:44 RVR1960*

¿Qué sucederá con los que ya habían muerto y ya tenían un cuerpo celestial en la presencia de Dios en los cielos?

Los que ya estaban con el Señor en Su presencia y ya habían tomado un cuerpo celestial, tomarán sus cuerpos espirituales/terrenales resucitados en el día de la resurrección.

¿Por qué sería esto necesario, si ya teníamos un cuerpo celestial perfecto?

Porque nuestro futuro es aquí en la tierra. Pero debemos notar lo siguiente:

- Esta tierra será hecha de nuevo (2 Pedro 3:13) —algunos teólogos usan la frase «resucitada». Dios hará nuevos cielos y nueva tierra, (como un segundo Edén). Su santa ciudad *«descenderá del cielo»*

(Apocalipsis 21:2). En otras palabras, el cielo vendrá a la tierra, y aquí, Dios hará Su morada con los hombres (Apocalipsis 21:3; 22:3).

- Nuestros cuerpos resucitados estarán listos para vivir en ese segundo Edén. En la Nueva Jerusalén que también tiene un jardín en ella como el Edén (Apocalipsis 22:1,2). Como esa habitación será terrenal/espiritual, nuestros cuerpos resucitados terrenales/espirituales estarán listos para vivir en ella. Y *«ya no habrá muerte, ni habrá más llanto, ni clamor, ni dolor; porque las primeras cosas pasaron» (Apocalipsis 21:4)*.

¿Qué sucede con los que están vivos en ese momento?

Los que estén vivos en ese momento, serán transformados en un instante (1 Corintios 15:52). En otras palabras, tomarán ese cuerpo perfecto y desde entonces estarán con el Señor, igual que sucedió con los que murieron en Cristo.

Serán arrebatados (1 Tesalonicenses 4:17) para recibir al Señor en las nubes (porque el Señor viene descendiendo). Es Su Segunda Venida. Y a partir de ahí, estarán juntos con todos los que descienden con el Señor. Para un futuro juntos en la Nueva Jerusalén que ha descendido del cielo.

Hablo más sobre el tema de la resurrección, la segunda venida de Cristo, la Nueva Jerusalén y la restauración de todas las cosas, «cielos nuevos y tierra nueva» en el volumen Escatología: La doctrina del futuro. [50]

16

EL ANIQUILACIONISMO

Los *Adventistas del Séptimo Día* niegan la existencia del infierno.

A esto se le conoce como la doctrina del *Aniquilacionismo*.

Esta dice que los injustos serán únicamente aniquilados o cesarán de existir.

El problema es que el infierno es una terrible realidad en la Biblia y el mismo Jesús nos advierte sobre ello. Pero no sólo Jesús.

También Juan en el Apocalipsis.

Inclusive, Pablo, aunque no usa la palabra «infierno» nos habla claramente del castigo eterno que tendrán que padecer todos aquellos que rechazan a Cristo como único camino a la vida eterna con Dios.

ARGUMENTOS DEL ANIQUILACIONISMO

Concepto distorsionado sobre la naturaleza del infierno

Los aniquilacionistas malentienden el significado del lago de fuego y esto distorsiona el entendimiento sobre la naturaleza del infierno.

Obviamente si un ser humano es echado en un lago de lava hirviente, será consumido instantáneamente, y esto es entendible si todo lo que es echado es el cuerpo. Pero el lago de fuego no es solamente una realidad física. También es espiritual. Recuerde que estamos en presencia de literatura apocalíptica donde el lenguaje tiene cierto colorido, sin embargo los eventos son muy literales.

El lago de fuego es una realidad tanto física como espiritual.

No es solamente el cuerpo humano el que es echado al lago de fuego. Es todo el ser. Alma, espíritu y cuerpo.

Una naturaleza espiritual no puede ser consumida por un fuego físico.

Los incrédulos también serán resucitados. De la misma manera que los creyentes tendrán un cuerpo espiritual preparado para la eternidad en los cielos nuevos y la tierra nueva; también los incrédulos tendrán un cuerpo espiritual resucitado, sólo que irán a ese lugar de castigo eterno.

> *...teniendo esperanza en Dios, la cual ellos también abrigan, de que ha de haber resurrección de los muertos, así de justos como*

de injustos. Hechos 24:15 RVR1960

Y el mar entregó los muertos que había en él; y la muerte y el Hades entregaron los muertos que había en ellos; y fueron juzgados cada uno según sus obras. Apocalipsis 20:13 RVR1960

Concepto distorsionado sobre la naturaleza de la eternidad

El concepto de la eternidad es otra área donde el aniquilacionismo tiene falta de comprensión.

Los aniquilacionistas tienen razón en que la palabra griega «aiónios», la cual usualmente se traduce como «eterno», no significa «eterno» por definición. Específicamente se refiere a una «edad» o «era», un período específico de tiempo.

Sin embargo, está claro que, en el Nuevo Testamento, el uso de «aiónios» es usado algunas veces para referirse a una cantidad eterna de tiempo.

Por ejemplo.

Apocalipsis 20:10 habla de Satanás, la bestia, y el falso profeta que fueron echados al lago de fuego y serán atormentados *«día y noche por los siglos de los siglos»*.

Y aquí, la cantidad de tiempo es claramente eterna. «Por los siglos de los siglos», significa «para siempre».

Es evidente que Satanás, la bestia y el falso profeta no son «aniquilados» por ser echados en el lago de fuego.

¿Por qué no aplicaría la misma regla para los incrédulos?

Concepto distorsionado sobre la justicia de Dios

Otra cosa que argumentan los aniquilacionistas es que cómo un Dios de amor y bueno condenaría a personas a una eternidad de castigo.

O, ¿por qué, si estos pecaron durante un período limitado de tiempo, tendrán que ser castigados por un período ilimitado de tiempo?

No entienden en realidad el concepto de un juez justo.

Imagínese que un criminal es llevado delante de un juez en una corte y el juez lo deja ir libre por amor. Sería esto justo para las personas que fueron dañadas por tal criminal.

No. Un juez justo castiga. Dios es un juez justo.

Sin embargo, Dios es un Dios de amor.

De tal manera que envió a su único hijo a morir en la Cruz, para que tu y yo no tuvieramos que ir al infierno. ¿No es esto una demostración de amor?

> *Porque de tal manera amó Dios al mundo, que ha dado a su Hijo unigénito, para que todo aquel que en él cree, no se pierda, mas tenga vida eterna. Porque no envió Dios a su Hijo al mundo para condenar al mundo, sino para que el mundo sea salvo por él. Juan 3:16,17 RVR1960*

El argumento de Gehena

En los evangelios sinópticos, [51] Jesús utiliza la palabra

gehena[52] doce veces para describir el lugar de castigo eterno.[53] Es un lugar en donde la persona es condenada (Mateo 10:28) en un fuego inapagable (Marcos 9:43).

Etimología

«Gehena» deriva de Gue Hinnom (םנה יג), que significa «Valle de Hinom». Ge Hinnom también se llamaba Gai ben-Hinnom (םנה ןב איג), que significa «valle del hijo de Hinom». El valle estaba fuera de la muralla sur de la antigua Jerusalén, y se extiende desde el pie del Monte Sión hasta el valle de Cedrón, al este.[54]

Por el hecho que el uso de la palabra «infierno» proviene de Gehena, algunos han dicho que la referencia es física y temporal.

Los *Adventistas del Séptimo Día* creen que Jesús utilizó este nombre como comparativo del Juicio final. No conciben el Gehena como un lugar donde las almas sean atormentadas eternamente.

Ellos dicen:

> *"...la palabra gehena, que originalmente significaba "un lugar o estado de miseria". Se usaba en las Escrituras para referirse a lugares de inmundicia y maldad donde se quemaban los cadáveres. Estas definiciones se refieren a la ubicación de los muertos, sin incluir necesariamente nada sobre castigo o tormento".*[55]

Otra vez los adventistas tienen el mismo problema que presentan en otras doctrinas: Pasan por alto el contexto. En este caso el contexto general sobre un tema específico.

Al decir que el texto no dice nada sobre «castigo o tormento», evidentemente están ignorando una cantidad de textos bíblicos.

Por otro lado usan el texto incorrectamente para apoyar su doctrina de aniquilacionismo. Para afirmar que los no creyentes simplemente serán aniquilados (alma y cuerpo).

Por ejemplo. Para ir en contra de la afirmación de Jesús de que *«el gusano de ellos no muere, y el fuego nunca se apaga» (Marcos 9:48)*, ellos dicen: «ni el fuego ni el gusano son eternos». [56]

De acuerdo a este razonamiento, alma y cuerpo son destruidos. Esto es el significado de «aniquilación».

Pero, como he dicho antes: Una naturaleza espiritual no puede ser consumida por un fuego físico.

El alma del incrédulo en el infierno por la eternidad es una realidad bíblica. Sí, el infierno es un lugar de «tormento y castigo».

Vamos por pasos.

Primero entendamos el lenguaje profético de Jesús.

Es cierto que Gehena se refiere a un lugar físico fuera de la ciudad.

Pero. Con qué otra cosa hubiera podido Jesús ilustrar una terrible verdad espiritual de manera que los oyentes y lectores entendieran.

Es el caso del Profeta, que usa realidades visibles como comparación a realidades literales del mundo invisible.

El colorido y la forma poética está presente en el texto, pero esto no minimiza la realidad de algo que es verdadero y literal.

En respuesta a lo que los adventistas dicen de que no hay «castigo o tormento», sólo necesitamos mostrar estos textos...

Veamos algunos textos sobre la realidad del infierno.

Castigo eterno

> *E irán estos al castigo eterno, y los justos a la vida eterna. Mateo 25:46 RVR1960*

Lloro y crujir de dientes

> *Y al siervo inútil echadle en las tinieblas de afuera; allí será el lloro y el crujir de dientes. Mateo 25:30 RVR1960*

Lugar de tormento

> *Entonces él, dando voces, dijo: Padre Abraham,*

ten misericordia de mí, y envía a Lázaro para que moje la punta de su dedo en agua, y refresque mi lengua; porque estoy atormentado en esta llama. Lucas 16:24 RVR1960

Eterna perdición

...los cuales sufrirán pena de eterna perdición, excluidos de la presencia del Señor y de la gloria de su poder... 2 Tesalonicenses 1:9 RVR1960

Castigo del fuego eterno

...como Sodoma y Gomorra y las ciudades vecinas, las cuales de la misma manera que aquellos, habiendo fornicado e ido en pos de vicios contra naturaleza, fueron puestas por ejemplo, sufriendo el castigo del fuego eterno. Judas 1:7 RVR1960

Atormentado con fuego y azufre por los siglos de los siglos

Y el tercer ángel los siguió, diciendo a gran voz: Si alguno adora a la bestia y a su imagen, y recibe la marca en su frente o en su mano, él también beberá del vino de la ira de Dios, que ha sido vaciado puro en el cáliz de su ira; y será atormentado con fuego y azufre delante de los santos ángeles y del Cordero; y el humo de su tormento sube por los siglos de los siglos. Y no tienen reposo de día ni de noche los que adoran a la bestia y a su imagen, ni nadie que reciba la marca de su nombre. Apocalipsis 14:9—11 RVR1960

Lago de fuego que arde con azufre

Y la bestia fue apresada, y con ella el falso profeta que había hecho delante de ella las señales con las cuales había engañado a los que recibieron la marca de la bestia, y habían adorado su imagen. Estos dos fueron lanzados vivos dentro de un lago de fuego que arde con azufre. Apocalipsis 19:20 RVR1960

Pero los cobardes e incrédulos, los abominables y homicidas, los fornicarios y hechiceros, los idólatras y todos los mentirosos tendrán su parte en el lago que arde con fuego y azufre, que es la muerte segunda. Apocalipsis 21:8 RVR1960

Y el que no se halló inscrito en el libro de la vida fue lanzado al lago de fuego. Apocalipsis 20:15 RVR1960

Ahora habiendo leído todos estos detalles y características del infierno, podemos regresar y ver las expresiones de Jesús y entenderlas en contexto.

Enviará el Hijo del Hombre a sus ángeles, y recogerán de su reino a todos los que sirven de tropiezo, y a los que hacen iniquidad, y los echarán en el horno de fuego; allí será el lloro y el crujir de dientes. Entonces los justos resplandecerán como el sol en el reino de su Padre. El que tiene oídos para oír, oiga. Mateo 13:41—43 RVR1960

Pero yo os digo que cualquiera que se enoje contra su hermano, será culpable de juicio; y cualquiera que diga: Necio, a su hermano, será culpable ante el concilio; y cualquiera que le diga: Fatuo, quedará expuesto al infierno de fuego. Mateo 5:22 RVR1960

Por tanto, si tu ojo derecho te es ocasión de caer, sácalo, y échalo de ti; pues mejor te es que se pierda uno de tus miembros, y no que todo tu cuerpo sea echado al infierno. Y si tu mano derecha te es ocasión de caer, córtala, y échala de ti; pues mejor te es que se pierda uno de tus miembros, y no que todo tu cuerpo sea echado al infierno. Mateo 5:29-30 RVR1960

Entrad por la puerta estrecha; porque ancha es la puerta, y espacioso el camino que lleva a la perdición, y muchos son los que entran por ella; Mateo 7:13 RVR1960

Y no temáis a los que matan el cuerpo, mas el alma no pueden matar; temed más bien a aquel que puede destruir el alma y el cuerpo en el infierno. Mateo 10:28 RVR1960

...donde el gusano de ellos no muere, y el fuego nunca se apaga. Marcos 9:48 RVR1960

Entonces, estimado lector. La realidad del castigo eterno no se puede negar.

La buena noticia es que Dios es un Dios de amor y no quiere que ninguno perezca, sino que todos vengamos al arrepentimiento.

> *El Señor no retarda su promesa, según algunos la tienen por tardanza, sino que es paciente para con nosotros, no queriendo que ninguno perezca, sino que todos procedan al arrepentimiento. 2 Pedro 3:9 RVR1960*

PARTE III

COSAS ADMIRABLES Y ESPERANZA

17

COSAS BUENAS... PERO

Como dije al principio de este libro mi oración ha sido ser «justo, coherente y transparente en mis intenciones» al escribir sobre los *Adventistas del Séptimo Día*.

Y al mencionar a algunos de los proponentes de este grupo, he intentado hacerlo de forma analítica, técnica y académica. Nunca con espíritu crítico o ataques personales pues el desafío es en cuanto a errores doctrinales. No es mi lugar juzgar las intenciones de quienes no conozco personalmente.

Y para ser justo, dije que estoy seguro que «muchos de los pastores y miembros de iglesias adventistas son personas honestas y que sinceramente aman al Señor, padres de familia, excelentes miembros de la sociedad, gente que está tratando de agradar a Dios y hacer bien a sus semejantes. Personas con buena intención…»

En línea con esto, quisiera resaltar algunas cosas buenas que tienen los adventistas y que son admirables en los resultados aunque no esté yo de acuerdo con la teología detrás de estos resultados.

LOMA LINDA, CALIFORNIA: LA GENTE MÁS SALUDABLE DE LA TIERRA

Existe una comunidad de unos 9,000 adventistas en el área de Loma Linda, en el estado de California. Este lugar es conocido como «el núcleo de la región de la zona azul[57] de Estados Unidos». Viven hasta una década más que el resto de nosotros y gran parte de su longevidad puede atribuirse al vegetarianismo y al ejercicio regular. Además, los adventistas no fuman ni beben alcohol.

Esto es admirable. He visto los videos y entrevistas.

Ancianos en sus 90 años de edad que son personas activas, sanas, y disfrutan de una placentera vida en comunidad, lo cual es un factor importante para la buena salud mental.

Los estudios han demostrado que los *Adventistas del Séptimo Día*, de Loma Linda, que tienen una amplia gama de orígenes étnicos, viven hasta una década más que personas en otros grupos, lo que llevó a que Loma Linda fuera identificada como uno de los cinco lugares de longevidad, llamados Zonas Azules, en el planeta y el único en Estados Unidos.[58]

¿Qué es una zona azul?

El término «zonas azules» fue acuñado por primera vez por Dan Buettner, explorador, becario y periodista de National

Geographic, durante un proyecto exploratorio que dirigió en 2004. Después de una expedición a Okinawa, Japón, en 2000 para investigar la longevidad allí, se propuso explorar otras regiones del mundo con una longevidad supuestamente alta. Con el apoyo de National Geographic, Buettner y su equipo de científicos y demógrafos viajaron por el mundo en busca de comunidades donde la gente no sólo viviera más tiempo sino que también disfrutara de una alta calidad de vida en su vejez. Tras analizar datos demográficos y entrevistar a numerosos centenarios, identificaron cinco regiones que se destacaban por su extraordinaria longevidad y vitalidad.[59]

Las aventuras de Dan, y todo lo que aprendió, están narradas en su libro The Blue Zones, así como en The Blue Zones Solution, The Blue Zones Challenge, The Blue Zones American Kitchen y Blue Zones Secrets. [60]

En otras zonas azules alrededor del mundo la alta longevidad y salud de estas personas ancianas se atribuye a varios factores o una combinación de estos. La sana dieta y actividad, ciertamente están en el centro así como la importancia de la vida en comunidad.

En el caso específico de Loma Linda, estas cosas están relacionadas con la doctrina adventista.

¿Es bíblico y bueno entonces esto? ¿Debemos imitar a los Adventistas?

Sí y no.

Ciertamente cuidar el cuerpo es bíblico.

En el caso del creyente, el cuerpo es templo del Espíritu Santo, y sí, estamos llamados a cuidarlo.

> *¿No sabéis que sois templo de Dios, y que el Espíritu de Dios mora en vosotros? Si alguno destruyere el templo de Dios, Dios le destruirá a él; porque el templo de Dios, el cual sois vosotros, santo es. 1 Corintios 3:16,17 RVR1960*

Como creyentes debemos cuidar nuestra dieta, mantener vidas activas, descansar debidamente, hacer ejercicios y vivir en comunidad. Todas estas cosas son buenas.

Sin embargo, gran cantidad de cristianos evangélicos no cuidan su cuerpo. Desde los púlpitos se predica el abstenernos de alcohol, de fumar, y otras cosas que son denominadas como pecaminosas.

Y abstenernos de estas cosas es bueno y saludable.

Pero muchos hermanos evangélicos después del servicio en la iglesia se van al restaurante. No fuman ni toman alcohol, pero si comen cosas grasosas, con abundancia de manteca y sal. Y viven vidas sedentarias. Vidas de oración, sí, pero de poco movimiento físico.

Entonces vienen las enfermedades y le reclamamos a Dios. Le preguntamos ¿por qué me sucede esto a mi si soy un buen cristiano?

Bueno. Para empezar, ser un buen cristiano en general no te exenta de sufrimientos y padecimientos. Pero, hay muchos males que provocamos por descuido. Porque no hemos sido buenos mayordomos del templo del Espíritu.

¿Y por qué los adventistas se cuidan y los evangélicos no?

Porque hay una ley.

Para los adventistas, la dieta, el descanso, y el congregarse en comunidad son leyes. Y romper leyes es pecado.

Sus conciencias son dañadas porque creen que están desobedeciendo a Dios si no guardan estas cosas.

Para el evangelico, como ha sido libre de la ley, entonces le es fácil usar su libertad como ocasión para la carne.

> *Porque vosotros, hermanos, a libertad fuisteis llamados; solamente que no uséis la libertad como ocasión para la carne… Gálatas 5:13 RVR1960*

¿Entonces que hacemos?

¿Predicaremos ley para que los creyentes estén más saludables?

De ninguna manera.

La ley, como lo he expuesto en capítulos anteriores, te hace otro daño, te esclaviza. ¿Quisieras regresar a vivir con culpabilidad y condenación cada vez que no llegas al estándar establecido por la ley?

No. De eso hemos sido libres.

Pero sí podemos madurar, y practicar ciertas disciplinas, que aunque no son obligatorias, sí nos ayudan a crecer y madurar mientras somos buenos mayordomos de todo lo que Dios nos ha confiado —entre ello, nuestro cuerpo y nuestra mente.

He enseñado en varias series sobre la importancia de las disciplinas cristianas.

No estoy obligado a guardar el Sábado, pero darle descanso al cuerpo es saludable y bíblico, es una responsabilidad y es bendición.

Tengo la libertad de comer carne. Puedo comer cualquier tipo de animal. Sin embargo hay carnes grasosas y que dañan el cuerpo, suben el colesterol, bloquean las venas, causan embolias.

Si comer una dieta de plantas es más saludable, ¿por qué no practicarlo?

Y vivir en comunidad es saludable para la mente y las emociones. Nos necesitamos los unos a los otros. La iglesia cristiana primitiva vivía en comunidad.

Entonces, hay algo bueno en lo que hacen los adventistas, pero es mucho mejor hacerlo en la libertad que Dios nos ha dado.

Algo más puedo admirar de los adventistas.

Admiro la manera en que usan publicaciones, la página escrita, para comunicar su mensaje.

Admiro como promueven la manera conservativa de vestir. Promueven la decencia y la cordura.

En iglesias evangélicas a veces vemos personas que se suben a los púlpitos aún a ministrar con ropa indecente. Promoviendo sensualidad desde la plataforma, lo cual es tropiezo a muchos.

Y bueno, como he dicho antes, debemos ser justos y reconocer aquellas cosas que son admirables.

Pero por supuesto, a la raíz de todo —y lo más importante—, está la doctrina. Está el verdadero evangelio de la justificación por fe, y eso no se puede negociar.

Estamos en *«un mejor pacto, establecido sobre mejores promesas» (Hebreos 8:6)*.

Disfrutemos la seguridad que nos brindan las verdades del nuevo pacto y crezcamos para que nuestra fe sea de buen testimonio a otros. Especialmente a los que todavía no conocen.

18

ESPERANZA PARA EL ADVENTISTA

El objetivo de este sencillo libro no ha sido atacar, avergonzar y mucho menos alejar a quienes sinceramente buscan la verdad del evangelio.

Ha sido necesario confrontar las malas enseñanzas, pero no para conseguir trofeos de jactancia y decir: Yo estoy en lo correcto y tú estás equivocado.

Ese no es el espíritu de este volumen. Y es mi oración que mi intención en aclarar y corregir haya sido mostrada en compasión.

Muchos amados amigos y aún familiares adventistas son personas sinceras que aman a Dios y quieren agradarle.

Muchos se han entregado al Señor de todo corazón y estoy seguro que muchos son salvos de la misma manera que cualquier otra persona que ha creído y confiado en Jesús como Señor y Salvador de su vida.

Sin embargo, han sido guiados incorrectamente. No pueden disfrutar de la seguridad de la salvación y están atrapados en una religión de esfuerzos. Siempre tratando de agradar a Dios, pero nunca seguros de que sus obras ya son agradables a Él.

Mi intención es traer al lector a luz.

Mostrarle que hay un camino más excelente.

Que puede entrar en el verdadero reposo. Que puede al igual que lo hizo Dios, reposar de sus obras y esfuerzos por tratar de conseguir algo que ya Dios le ha dado por gracia.

Y que sus obras de ahora en adelante sean esas obras que fueron preparadas de antemano para que anduviésemos en ellas y no un medio para conseguir ser aprobados en el día del Juicio.

Ya estás aprobado. Tus obras ya son agradables a Dios. Recibe esa seguridad y entra en tu reposo.

Y para el lector que está en gracia. Aquél que ha descansado de sus obras y está seguro de su salvación, presento un reto.

AYUDEMOS A NUESTROS AMIGOS Y PARIENTES ADVENTISTAS

Ahora que usted ha leído este libro y quizá estudiado las sesiones que tenemos en video en nuestra plataforma virtual (más al final); está más preparado para responder a quienes cuestionen su fe, pero también para ayudar a quienes están atrapados por los errores mencionados en capítulos anteriores.

¿Podrá ser usted un instrumento en las manos de Dios para sacar del error a quienes están atrapados?

¿Cómo ser Priscila y Aquila para un amigo o pariente Adventista?

> *Llegó entonces a Efeso un judío llamado Apolos, natural de Alejandría, varón elocuente, poderoso en las Escrituras. Este había sido instruido en el camino del Señor; y siendo de espíritu fervoroso, hablaba y enseñaba diligentemente lo concerniente al Señor, aunque solamente conocía el bautismo de Juan. Y comenzó a hablar con denuedo en la sinagoga; pero cuando le oyeron Priscila y Aquila, le tomaron aparte y le expusieron más exactamente el camino de Dios." Hechos 18:24—26 RVR1960*

Hay mucha gente amada que quiere seguir a Jesús bíblicamente, pero no han tenido a alguien que se tome el tiempo en ayudarle.

Dice el texto que cuando Priscila y Aquila oyeron a Apolos hablar, «*le tomaron aparte y le expusieron más exactamente el camino de Dios*».

Ya Apolo era maestro. Ya tenía conocimiento de las Escrituras, pero necesitaba ser ajustado en lo que concierne al nuevo pacto. Aquello que Priscila y Aquila habían aprendido de Pablo.

Ahora que usted conoce más el camino correcto. ¿Podría usted ayudar a los Apolos en su vida?

Sería una gran labor.

Si el Señor pone en su corazón hacerlo, me gustaría ser parte.

Aquí le comparto más estudios sobre el tema de los *Adventistas del Séptimo Día*:

https://estudios.japerez.com/adventistas

Y, al final de este libro presento más material que puede continuar ayudándole en su crecimiento en muchas otras áreas del ministerio y vida cristiana.

Notas

1- Apologética. La apologética cristiana es la ciencia de la defensa de la fe cristiana. La palabra "apologética" se deriva de un término griego que conlleva la idea de dar una defensa. La misión de la apologética cristiana es dar una defensa sólida y razonada de las verdades centrales de la fe cristiana. ¿Qué es la apologética cristiana y por qué es importante? https://www.compellingtruth.org/Espanol/apologetica-cristiana.html (Capturado Marzo 30, 2024).
El término apologética proviene de la palabra griega clásica apología. Comunicar una apología significaba entonces dar una explicación para responder y refutar acusaciones,¿Qué es la apologética cristiana? Coalición por el Evangelio. https://www.coalicionporelevangelio.org/curso/apologetica/#conversaciones-apologeticas (Capturado Marzo 30, 2024).

2- William Miller (1782-1849) Es considerado como el fundador del Movimiento millerita y del Movimiento Adventista, de los años 1830 y 1840 en Norteamérica. Entre sus descendientes espirituales directos existen varias denominaciones, incluyendo la Iglesia Adventista del Séptimo Día y la Iglesia de Dios (Séptimo día). https://es.wikipedia.org/wiki/William_Miller_(predicador) (Capturado Marzo 30, 2024).

3- Harold Camping. Harold Egbert Camping (Boulder, 19 de julio de 1921-Oakland, 15 de diciembre de 2013) fue un predicador cristiano estadounidense. Fue el presidente de Family Radio, un grupo de radio con sede en California, estación que abarca más de 150 mercados en los Estados Unidos.
«Harold Camping dies at 92; preacher's Rapture forecasts fizzled» (en inglés). Los Angeles Times. (Capturado Marzo 30, 2024).
Su predicción del fin del mundo en 2011 fue que el 21 de mayo de 2011

ocurriría el retorno de Jesús, que los elegidos volarían hasta el cielo, y luego seguirían cinco meses de fuego, azufre y plagas, con millones de personas muriendo cada día, que culminarían el 21 de octubre de 2011, con el fin del mundo, pero como era de esperarse no aconteció el fin del mundo.
Elizabeth Tenety (3 de enero de 2011). «May 21, 2011: Harold Camping says the end is near». Washington Post (en inglés). Archivado desde el original el 14 de enero de 2012.
Él había predicho anteriormente el día del juicio los días 21 de mayo de 1988, y 7 de septiembre de 1994. Kimberly Winston (23 de marzo de 2011). «Judgment Day: May 21, 2011». Washington Post (en inglés). Archivado desde el original el 24 de mayo de 2012. (Capturado Marzo 30, 2024).

4- La gran decepción. El comienzo de los *Adventistas del Séptimo Día*.
La llamada «Gran Decepción» es parte de la historia de la Iglesia Adventista del Séptimo Día. Todo esto se remonta a 1844 y lo que dio origen a los hoy llamados adventistas.
Podemos trazar esta historia desde 1830 cuando Guillermo Miller (o William Miller), un pastor bautista de New York, había despertado el interés de la gente por la segunda venida de Jesucristo. Su influencia fue notoria, llegando a alcanzar con ello a Hiram Edson, José Bates (o Joseph Bates), y Helen Harmon, quien posteriormente al casarse sería conocida como Helen Harmon de White, o Elena White. Sus predicaciones fueron acompañadas de cálculos dando a entender que tenía motivos para creer que el regreso de Cristo se produciría en 1843. Los Adventistas y la «Gran Decepción». https://edf.org.ve/los-adventistas-y-la-gran-decepcion/ (Capturado Marzo 30, 2024).

5- La palabra «advenimiento». En el cristianismo, se conoce como advenimiento de Jesús o de Cristo, la llegada del mesías anunciado. https://www.significados.com/advenimiento/ (Capturado Marzo 30, 2024).

6- Espiritualizar un evento tiende a ser un proceder que también otras sectas han utilizado. Cuando alguna predicción no se cumple, algunas sectas tienden a decir que sucedió, pero espiritualmente, o que sólo los más

espirituales lo percibieron.
Tras "el gran chasco"Hiram Edson, un seguidor de Miller, enseñó que la profecía fue certera, pero que la venida de Cristo fue espiritual en el cielo. Otras sectas han hecho lo mismo.
Ver. Predicciones y profecías incumplidas de los testigos de Jehová. https://es.wikipedia.org/wiki/Predicciones_y_profec%C3%ADas_incumplidas_de_los_testigos_de_Jehov%C3%A1 (Capturado Marzo 30, 2024).

7- Según Hiram Edson, Jesús terminó de efectuar la purificación por nuestros pecados, ahora entrando al lugar santísimo en el cielo para culminar lo que inició en la cruz. F. D. Nichol. The Midnight Cry. p. 458.

8- El concepto del «santuario celestial» de Hiram Edson.
En teología adventista del séptimo día, la enseñanza del santuario celestial consiste en la creencia de que existe un Santuario en el cielo y que muchos aspectos del Tabernáculo hebreo, o santuario terrenal, son representativos de las realidades celestiales, para lo cual se basan en Hebreos 8:1-2 y Éxodo 25:40. White, Ellen G. (2007). El Conflicto de los Siglos (3ª edición). Bs. Aires: Asociación Casa Editora Sudamericana. ISBN 978-987-567-298-7.

9- Joseph Bates (Rochester, Massachusetts; 8 de julio de 1792—Battle Creek, Míchigan; 19 de marzo de 1872) fue un ministro evangélico y marino estadounidense. https://es.wikipedia.org/wiki/Joseph_Bates (Capturado Mayo 1, 2024).
Es considerado uno de los pioneros y fundadores de la Iglesia Adventista del Séptimo Día, conocido por ser uno de los primeros adventistas en guardar el sábado como el día de reposo bíblico.
«Adventist Heritage : Footsteps of the Pioneers- Joseph Bates». 2002–2006. Archivado desde el original el 7 de febrero de 2012. Consultado el 7 de marzo de 2006. (Capturado Mayo 1, 2024).
En 1846 publicó un folleto de 48 páginas sobre el tema. El capitán Bates estuvo presente en las conferencias "sabáticas" de 1848 donde importantes enseñanzas bíblicas fueron desenterradas por los adventistas guardadores del sábado de la mina de oro de las Sagradas Escrituras.
«Cáp. 3 Surge la Iglesia Remanente». Nuestra Herencia, Curso de

historia denominacional (1ª edición). Buenos Aires: Asociación Casa Editora Sudamericana. 1994. pp. 60-61. ISBN 950-573-388-7.

10- T. M. Preble. Thomas Motherwell Preble (1810-1907) fue un ministro bautista del libre albedrío en New Hampshire y predicador millerita. Después de aceptar las enseñanzas de William Miller, Preble fue excomulgado de su iglesia. https://en.wikipedia.org/wiki/T._M._Preble (Capturado Mayo 1, 2024).
Preble parece haber aceptado el sábado como séptimo día en 1844, posiblemente de Frederick Wheeler o de alguien asociado con la iglesia de Washington, New Hampshire. Preble fue el primer millerista en defender el sábado en forma impresa. Más tarde, Preble repudió el sábado y luego escribió algunos artículos contra el sábado del séptimo día en The World 's Crisis y un libro titulado First-Day Sabbath.
Gary Land, The A to Z of the Seventh-Day Adventists, Scarecrow Press, 2009. p. 256 Adventist Pioneer Library

11- Ellen White (Elena G. de White).
Ellen Gould White (Gorham, Maine; 26 de noviembre de 1827-St. Helena, California; 16 de julio de 1915), también conocida como Elena G. de White, fue una autora adventista estadounidense, cuyo liderazgo llevó al establecimiento de la Iglesia Adventista del Séptimo Día.
Afirmó haber recibido visiones después del Gran Chasco, en el que no se cumplió el segundo regreso de Jesús, (fijado para el 22 de octubre de 1844, señalado por William Miller, de quien ella era seguidora). Sus visiones dieron base para que el movimiento adventista considerara que en ella se manifestó el don de profecía, lo cual dotó a sus escritos de gran importancia para los creyentes de esta denominación. https://es.wikipedia.org/wiki/Ellen_G._White (Capturado Mayo 1, 2024).

12- Los *Adventistas del Séptimo Día* se registraron oficialmente como denominación en 1863. BBC Religions, 2009.

13- Charles Taza Russel. Fundador de los Testigos de Jehová.
Charles Taze Russell (Allegheny, Pensilvania, 16 de febrero de

1852-Pampa, Texas, 31 de octubre de 1916), también conocido como el Pastor Russell, fue un estudioso bíblico estadounidense. Fundador de los Estudiantes de la Biblia, un movimiento cristiano (que luego cambiaría de nombre a Testigos de Jehová) de carácter restauracionista, milenarista y antitrinitarista, que a su vez, dio lugar a otros grupos independientes, que posteriormente se separaron de los Estudiantes de la Biblia. También fue editor de la revista Zion's Watch Tower and Herald of Christ's Presence, más conocida como La Atalaya y presidente de la Watch Tower Bible and Tract Society. https://es.wikipedia.org/wiki/Charles_Taze_Russell (Capturado Mayo 1, 2024).

14- Los *Adventistas del Séptimo Día* afirman que en 1844 Jesús entró en el lugar santísimo, dentro del santuario celestial para completar su redención por los pecados de la humanidad.Bosch, 2008, p. 307-309.

15- Los *Adventistas del Séptimo Día* continúan usando los escritos de Elena G. de White como guía, y son considerados por la mayoría como escritos inspirados por Dios.
En 2013, casi tres cuartas partes (73%) de los miembros compartieron que aceptaron de todo corazón a Elena G. White como mensajera inspirada por Dios. Otro 13% compartió que aceptaban esto porque la Iglesia Adventista lo enseña. Solo un pequeño número de miembros admitieron que tenían preguntas (4%) o dudas importantes (2%), o rechazaron completamente a Elena G. White como mensajera inspirada por Dios (4%). https://www.adventistresearch.info/es/puntos-de-vista-a-nivel-mundial-sobre-elena-g-white-y-sus-escritos/ (Capturado Mayo 1, 2024).

16- Hoy en día la secta se esfuerza en darse a conocer como «cristiana». El sitio del Consejo Mundial de Iglesias dice: "La Iglesia Adventista del Séptimo Día es una denominación cristiana de evangélicos conservadores". https://www.oikoumene.org/es/church-families/seventh-day-adventist-church (Capturado Mayo 1, 2024).
Los adventistas ¿son evangélicos? Walter Martin, a la sazón director de apologética de sectas para la Zondervan Publishing Company, ha clasificado a los ASD como secta en su libro The

Rise of the Cults [El Surgimiento de las Sectas]. Y Donald Grey Barnhouse, erudito bíblico y fundador y editor de la revista Eternity [Eternidad], conocido en todo el país, había escrito críticamente sobre la teología ASD. Habiéndose encontrado con algunos fanáticos ASD anteriormente en su vida, Barnhouse consideraba al movimiento evangélico y al adventismo mutuamente excluyentes. https://protestantedigital.com/muy-personal/10907/los-adventistas-son-evangelicos (Capturado Mayo 1, 2024).

17- Los Testigos de Jehová dicen ser cristianos. ¿Son Cristianos los Testigos de Jehová? https://www.exploregod.com/es/articulos/son-cristianos-los-testigos-de-jehova (Capturado Mayo 1, 2024).

18- Los mormones dicen ser cristianos.
Aunque los mormones profesan ser cristianos y dicen creer en la Palabra de Dios, hay muchas de sus creencias que contradicen el cristianismo. De hecho, se puede decir que el mormonismo es una secta, que se puede definir como "un grupo religioso que niega uno o más de los fundamentos de la verdad bíblica". Los mormones dicen que son cristianos, pero como rechazan las verdades fundamentales de la Palabra de Dios, no lo son.
¿Los mormones son cristianos? ¿Son salvos los mormones? Got Questions. https://www.gotquestions.org/Espanol/Mormones-cristianos.html (Capturado Mayo 1, 2024).

19- «Guardar el Sábado porque la ley es un pacto perpetuo». https://sabbath-school.adventech.io/es/2021-02/09/04-tuesday-la-se%C3%B1al-del-pacto (Capturado Mayo 1, 2024).
Este texto no es sólo usado por las Adventistas. Otras sectas y grupos lo usan, entre ellos los «cristianos» mesiánicos
Shabat Pacto Perpetuo con YHWH cada 7 días. Shabat: Día De Reposo. https://respuestasentorah.wordpress.com/2015/07/10/shabat-pacto-perpetuo/ (Capturado Mayo 1, 2024).

20- Justificación. La doctrina de la justificación. https://www.coalicionporelevangelio.org/ensayo/la-doctrinade-la-justificacion/ (Capturado Mayo 1, 2024).

21- Pactología. ¿Cuáles son los diferentes pactos en la Biblia? https://www.compellingtruth.org/Espanol/pactos-en-la-Biblia.html (Capturado Mayo 1, 2024).
Teología del pacto. La teología del pacto es un enfoque de la interpretación bíblica que aprecia la importancia de los pactos para comprender la relación divino-humana y el desarrollo de la historia redentora en las Escrituras. Covenant Theology. https://www.thegospelcoalition.org/essay/covenant-theology/ (Capturado Mayo 1, 2024).

22- Soteriología: La doctrina de la redención. Libro. Pérez, JA. Tisbita Publishing House (November 11, 2023) ISBN 978-1947193567

23- Soteriología: La doctrina de la redención. Curso. https://estudios.japerez.com/soteriologia (Capturado Mayo 1, 2024).

24- Justification. New Advent Catholic Encyclopedia. https://www.newadvent.org/cathen/08573a.htm (Capturado Marzo 17, 2021).

25- Leighton, Matthew. (Julio 26, 2018) La justificación: ¿qué es y qué hace? Coalición por el Evangelio. https://www.coalicionporelevangelio.org/articulo/la-justificacion-que-es-y-que-hace/ (Capturado Marzo 17, 2021).

26- Ídem.

27- Catecismo de la Iglesia Católica. Tercera parte. La vida en Cristo. Primera sección. La vocación del hombre: La vida en el Espíritu. # 1807 http://www.vatican.va/archive/catechism_sp/p3s1c1a7_sp.html (Capturado Marzo 17, 2021).

28- Un día, mientras Lutero meditaba en las Escrituras en su oficina en Wittenberg, el leer Romanos 1:17 –"Mas el justo por la fe vivirá"– inició un cambio en su interior. Esa noche Lutero no pudo dejar de pensar en ese pasaje. El Espíritu Santo obró en él de una manera tal que no podía contenerse ante tal verdad. Lutero entendió que lo que aprendió en el

Catolicismo, y que por tantos años había enseñado, era contrario a la Palabra. Y es que Dios establece que la salvación es algo que viene solo por Su gracia, y por ende los hombres no podemos ganarla. Esa gracia de Dios solo puede ser obtenida a través de la fe en Cristo Jesús
Martín Lutero y la seguridad de la salvación. 11 Julio, 2014 por Ángel Cardoza. Coalición por el Evangelio. https://www.coalicionporelevangelio.org/articulo/martin-lutero-y-la-seguridad-de-la-salvacion/ (Capturado Marzo 17, 2021).

29- La obra de Martín Lutero, Disputatio pro declaratione virtutis indulgentiarum de 1517, a menudo conocida como Las 95 tesis, se considera el documento central de la Reforma protestante. Biblioteca Digital Mundial. https://www.wdl.org/es/item/7497/ (Capturado Marzo 17, 2021).

30- El juicio investigador. Desde 1844, El juicio investigador es una creencia distintiva de la Iglesia Adventista del Séptimo Día, que afirma que el juicio divino de los cristianos profesos ha estado en progreso desde 1844. https://es.wikipedia.org/wiki/Juicio_investigador (Capturado Abril, 27, 2024).

31- Ídem.

32- White, Ellen G.. Counsels to Writers and Editors (en inglés). pp. 30,31.

33- Venden, Morris (1982). The Pillars (en inglés). Pacific Press Publishing Association. pp. 13-15.

34- La verdadera historia de la doctrina del juicio investigador.

https://atoday.org/la-verdadera-historia-de-la-doctrina-del-juicio-investigador/

35- O.R.L. Crosier, "The Law of Moses," Day Star Extra, Vol. 9, Feb. 7, 1846, pp. 37-43.

36- Handwritten Hiram Edson Manuscript, Document File 588 (Silver Spring, MD: Ellen G. White Estate, circa 1866-1873).

37- Quién es Elon Everts.
Elon y Anna Everts fueron los primeros adventistas milleritas que estuvieron entre los primeros adventistas sabatistas en Vermont. Se considera que Elon acuñó el término "juicio investigador" en relación con los adventistas sabatistas. También fue uno de los primeros ministros adventistas sabatistas en ser ordenado en 1853. Everts, Elon (1807–1858) and Anna Maria (Rider) (1810–1856) por Michael W. Campbell. Publicado: Noviembre 21, 2022 https://encyclopedia.adventist.org/article?id=G99V (Capturado Mayo 1, 2024).

38- Elon Everts, "Communication From Bro. Everts," Advent Review and Sabbath Herald, Vol. 9, No. 9, Jan. 1, 1857, p. 72.

39- Ellen G. White, The Great Controversy (Mountain View, CA: Pacific Press, 1888), p. 426.

40- La edición de 1911 de El Conflicto de los Siglos de Ellen White sigue siendo la fuente principal de la enseñanza del juicio investigador para los Adventistas. https://atoday.org/la-verdadera-historia-de-la-doctrina-del-juicio-investigador/#_edn15 (Capturado Abril, 27, 2024).

41- El Conflicto de los Siglos, edición en castellano de 1971, pp. 536-537. [Mayúsculas en la fuente en inglés - N. del T.]

42- The Great Controversy [edición de 1888], p. 483.

43- The Signs of the Times, Mayo 16, 1895.

44- Manuscript Releases, tomo 6, p. 250. (1850)

45- Brooklyn: Watch Tower Bible and Tract Society of Pennsylvania, 1995, p. 82.

46- ¿Es el 'sueño del alma' un concepto bíblico?

https://www.compellingtruth.org/Espanol/alma-dormida.html (Capturado Abril, 27, 2024).

47- Sueño del alma. https://es.wikipedia.org/wiki/Sue%C3%B1o_del_alma (Capturado Abril, 27, 2024).

48- Ídem.

49- Ciudad Jardín: Tu lugar en el universo. ISBN: 978-1947193611
Publicado por: Tisbita Publishing House (January 30, 2024)
Ver en Amazon: https://amzn.to/3xWgi6M

50- Escatología: La doctrina del futuro. Pérez, JA. Tisbita Publishing House (December 19, 2023) ISBN 978-1947193604

51- Los evangelios sinópticos. Los Evangelios sinópticos son los tres primeros libros del Nuevo Testamento: Mateo, Marcos y Lucas. La palabra "sinóptico" significa "vistos en conjunto". Los Evangelios Sinópticos se llaman así porque los autores "vieron juntamente con un mismo punto de vista".
¿Qué son los Evangelios Sinópticos? https://www.compellingtruth.org/Espanol/evangelios-sinopticos.html (Capturado Mayo 1, 2024).

52- Gehena (en griego: Geena (Γεέννα); en hebreo: Gai Ben Hinnom (םונהיג, valle de Hinón). https://es.wikipedia.org/wiki/Gehena (Capturado Mayo 1, 2024).

53- «Blue Letter Bible, Gehena.». Archivado desde el original el 29 de junio de 2012. https://archive.today/20120629084047/http://cf.blueletterbible.org/lang/lexicon/lexicon.cfm?Strongs=G1067&Version=kjv (Capturado Abril, 30, 2024).

54- Gehem. Descripción. https://es.wikipedia.org/wiki/Gehena#cite_note-4 (Capturado Abril, 30, 2024).

55- Do Seventh-day Adventists Believe in Hell? Ask An Adventist Friend. https://www.askanadventistfriend.com/death/do-seventh-day-adventists-believe-in-hell/ (Capturado Abril, 30, 2024).

56- How can worms survive in eternal fire? How can we understand Mark 9:48? https://www.adventistbiblicalresearch.org/materials/mark-948/ (Capturado Abril, 30, 2024).

57- Loma Linda, California. A group of Americans living 10 years longer. https://www.bluezones.com/explorations/loma-linda-california/ (Capturado Mayo, 2, 2024).

58- Why Loma Linda residents live longer than the rest of us: They treat the body like a temple. Los Angeles Times. https://www.latimes.com/health/la-he-blue-zone-loma-linda-20150711-story.html (Capturado Mayo, 2, 2024).

59- History of Blue Zones. https://www.bluezones.com/about/history/ (Capturado Mayo, 2, 2024).

60- Ídem.

RECURSOS

TEOLOGÍA

TEOLOGÍA SISTEMÁTICA PARA LATINOAMÉRICA

Estos libros contienen todo el texto de *Teología Sistemática para Latinoamérica* además de ejercicios / cuestionarios y espacios para notas, para ser usados en estudios de grupos, clases de instituto bíblico, seminario o cualquier otro formato donde se equipen ministros y líderes para la obra de ministerio o creyentes en general que quieren crecer en el conocimiento de Dios.

Bibliología: La doctrina de la Palabra de Dios

Paterología: La doctrina de Dios Padre

Cristología: La doctrina de Cristo

Pneumatología: La doctrina del Espíritu Santo

Antropología: La doctrina del Hombre

Hamartiología: La doctrina del Pecado

Soteriología: La doctrina de la Redención

Eclesiología: La doctrina de la Iglesia

Origen: La doctrina de la Creación

Angelología: La doctrina de los Ángeles

Escatología: La doctrina del futuro

JA PÉREZ
BIBLIOLOGÍA:
LA DOCTRINA DE LA
PALABRA DE DIOS

JA PÉREZ
PATEROLOGÍA:
LA DOCTRINA DE
DIOS PADRE

JA PÉREZ
CRISTOLOGÍA:
LA DOCTRINA DE CRISTO

JA PÉREZ
PNEUMATOLOGÍA:
LA DOCTRINA
DEL ESPÍRITU SANTO

JA PÉREZ
ANTROPOLOGÍA:
LA DOCTRINA DEL HOMBRE

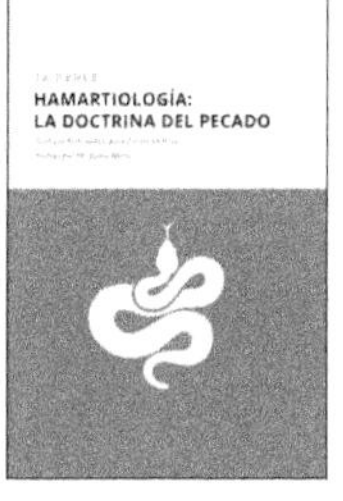
JA PÉREZ
HAMARTIOLOGÍA:
LA DOCTRINA DEL PECADO

JA PÉREZ
SOTERIOLOGÍA:
LA DOCTRINA
DE LA REDENCIÓN

JA PÉREZ
ECLESIOLOGÍA:
LA DOCTRINA DE LA IGLESIA

JA PÉREZ
ORIGEN:
LA DOCTRINA
DE LA CREACIÓN

JA PÉREZ
ANGELOLOGÍA:
LA DOCTRINA
DE LOS ÁNGELES

JA PÉREZ
ESCATOLOGÍA:
LA DOCTRINA DEL FUTURO

Libro principal

Todos los libros manuales de esta serie provienen del libro: *Teología Sistemática para Latinoamérica.*

Este contiene todo el texto y es un valioso libro de referencias y consultas que todo estudiante serio de teología debe tener en su biblioteca.

780 páginas

Publicado por: *Tisbita Publishing House.*

Para información sobre tiendas donde puede obtenerlo puede ir a:

https://japerez.com/teologia

CURSOS DE TEOLOGÍA

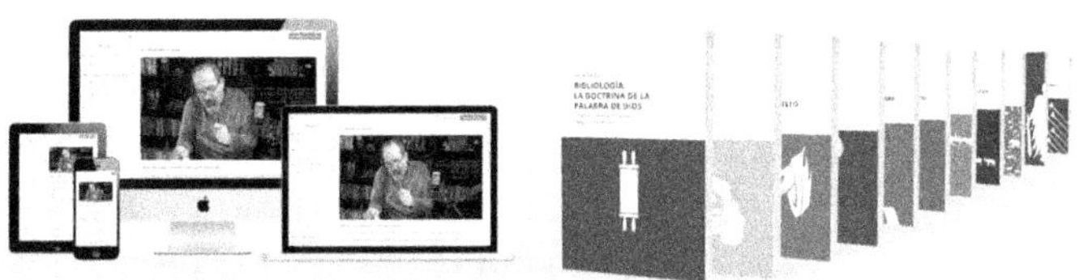

Teología al alcance de todos

La Teología (el estudio de Dios) debe ser estudiada no solo por el ministro ordenado o el aspirante al ministerio cristiano, sino por todo creyente.

Todos debemos conocer mejor a Dios, por lo tanto, hemos puesto estos cursos de teología sistemática al alcance de todos.

¿Cómo funciona?

Cada curso presenta lecciones en video y texto, el manual de curso, ejercicios y un examen final. Una vez completado, el estudiante recibe el Certificado de Completación de ese curso.

Todo dentro de una comunidad, donde usted puede hacer preguntas, compartir ideas y relacionarse con otros estudiantes.

Estos cursos son certificados por el *Instituto JA Pérez para Estudios Avanzados™* bajo el consejo de la *Facultad de Teología Latinoamericana.*

Nuestro programa de cursos responde a la necesidad de equipar creyentes, líderes, ministros continentales y aspirantes al ministerio con sólida enseñanza de manera que estos puedan influir a sus mundos con el mensaje de la buena noticia.

Más información en:
https://japerez.com/teologia

OTROS LIBROS

VIDA ABUNDANTE

Crecimiento espiritual | Teología | Principios de vida | Relaciones

Serie *Venciendo la ansiedad*

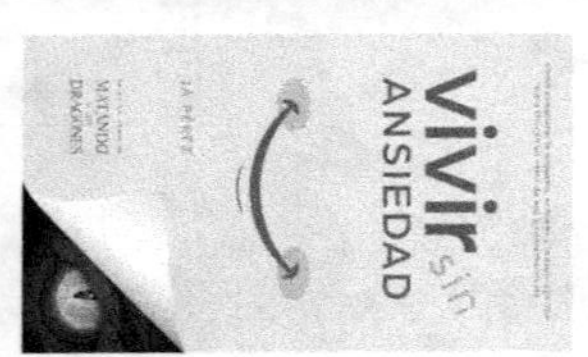

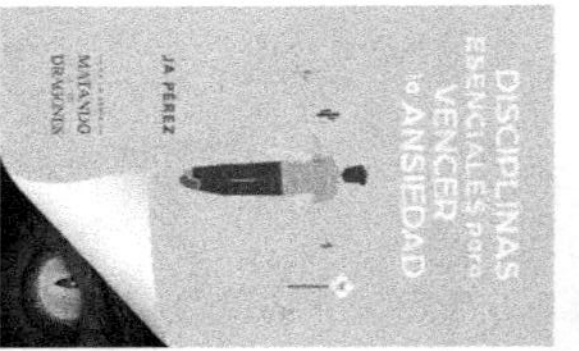

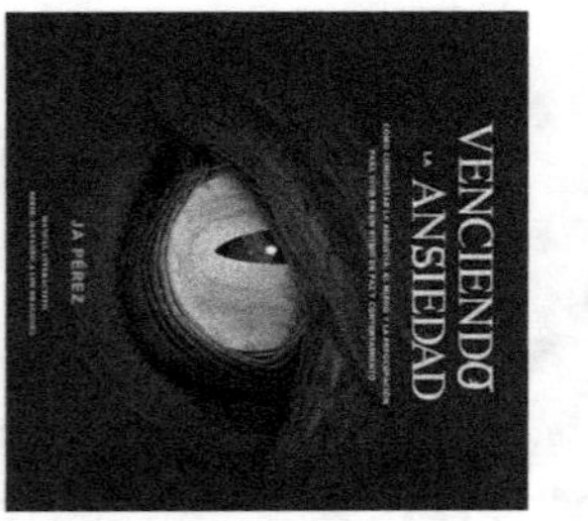

En esta serie comparto mis luchas, retos y estragos. También las verdades que me han llevado de la ansiedad a una vida de paz y contentamiento.

JA PÉREZ
CIUDAD JARDÍN
TU LUGAR EN EL UNIVERSO

LA MUERTE
y cómo librarte de ella
JA PÉREZ

100
J.A. PÉREZ

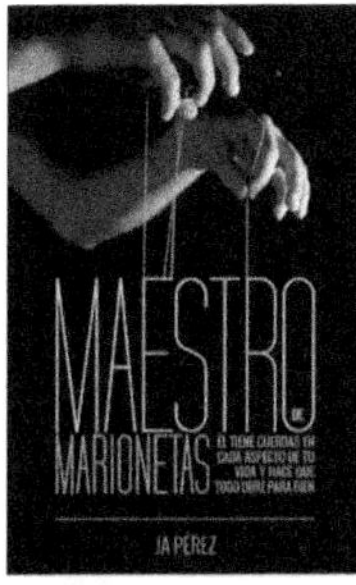
MAESTRO DE
MARIONETAS
EL TIENE CUERDAS EN CADA ASPECTO DE TU VIDA Y HACE QUE TODO OBRE PARA BIEN
JA PÉREZ

la
PRISA
JA PÉREZ

Aumenta
el Gozo
JA Pérez

DIOS
con nosotros
ja pérez

Jesús
(sin religión)
JA PÉREZ

JESÚS
pregunta
JA PÉREZ

GRAN
EXPECTACIÓN
de COSAS
BUENAS
JA PÉREZ

FELIZ
JA PÉREZ
LIBRO INTERACTIVO

Profecía bíblica

Ficción

Finanzas personales

MINISTERIO | LIDERAZGO

Ministerio | Crecimiento de la iglesia | Evangelismo | Misiones

Discipulado | Estudio de grupos | Empresa

Evangelismo, discipulado y misiones

Desarrollo de proyectos

Desarrollo de líderes

LIDERAZGO
IRREVOCABLE
JA PÉREZ

LIDERAZGO
INTELIGENTE
JA PÉREZ

LIDERAZGO
y CONSORCIOS
JA PÉREZ

LIDERAZGO
y GOBIERNOS
JA PÉREZ

LIDERAZGO
PRODUCTIVO
JA PÉREZ

LIDERAZGO
y CAPITAL INFLUYENTE
JA PÉREZ

LIDERAZGO
INSPIRACIONAL
JA PÉREZ

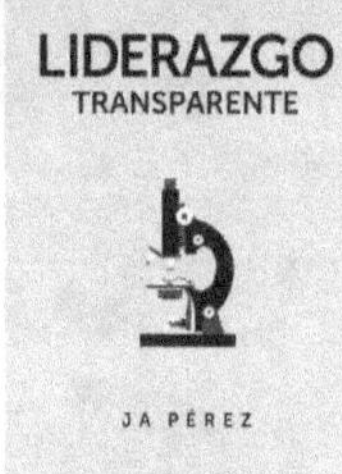
LIDERAZGO
TRANSPARENTE
JA PÉREZ

LIDERAZGO
y SISTEMAS
JA PÉREZ

LIDERAZGO
y DESARROLLOS
JA PÉREZ

LIDERAZGO
INVISIBLE
JA PÉREZ

LIDERAZGO
y LEGADO
JA PÉREZ

Inspiración y creatividad

Crecimiento de la iglesia

CLÁSICOS

Vida cristiana | Familia | Relaciones

JA PÉREZ

ENGLISH
Collaboration

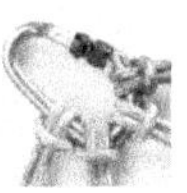

Dr. JA Pérez es escritor, misionero y precursor de movimientos de cosecha en América Latina.

Sus concentraciones masivas han atraido grandes multitudes durante años.

Con una trayectoria ministerial de más de cuatro décadas y varios libros publicados, sus esfuerzos hoy alcanzan a millones de vidas en todo el continente.

Su trabajo ha recibido menciones en cadenas internacionales como *CBN*, el *Club 700* y decenas de televisoras y periódicos en Centro y Sur América. En el año 2019 le fue otorgado el premio *John Wesley* (John Wesley Award) de la *Asociación Luis Palau* por su labor y liderazgo en el evangelismo mundial.

Ha equipado a miles de líderes y ministros para la obra del ministerio.

Él, su esposa y sus tres hijos viven en un suburbio de San Diego en California.

Sitio y redes sociales

japerez.com

youtube.com/@*por*JAPerez

facebook.com/*por*JAPerez

tisbita

www.ingramcontent.com/pod-product-compliance
Lightning Source LLC
LaVergne TN
LVHW020046110826
845155LV00029B/653

* 9 7 8 1 9 4 7 1 9 3 6 3 5 *